EXPOSITION
DU
SYSTÈME DES DOUANES
EN FRANCE,

depuis 1791 jusqu'à 1834,

PRÉCÉDÉE

DE QUELQUES RÉFLEXIONS SUR LES CAUSES QUI ONT AMENÉ L'ENQUÊTE COMMERCIALE ACTUELLE,

ET SUIVIE

D'AUTRES RÉFLEXIONS SUR LES MODIFICATIONS A APPORTER AU TARIF ACTUEL DES DOUANES.

PAR SAINT-FERRÉOL,

Vérificateur des Douanes,

Membre de la Société de Statistique de Marseille.

> La législation des douanes, mobile comme les événemens, doit adopter toutes les combinaisons que commandent les grands intérêts du commerce.....
>
> BAILLY, *Histoire financière de la France*, t. Ier., p. 471.

MARSEILLE.

IMPRIMERIE D'ACHARD, MARCHÉ DES CAPUCINS, N° 4.

1835.

A Monsieur Th^re Gréterin,

Maître des Requêtes,

Directeur de l'Administration des Douanes.

Monsieur le Maître des Requêtes,

Ce n'est point un ouvrage que je vous dédie, son mérite ne l'élève point jusqu'aux honneurs d'une dedicace : c'est tout simplement un opuscule que j'ai l'honneur de vous adresser, dans lequel j'ai consigné mes opinions sur l'esprit qui a dirigé nos tarifs de douanes depuis 1791, sur les vices que j'ai remarqué en eux, sur les améliorations que réclame le tarif actuel.

J'ai joint à ces opinions quelques réflexions sur les causes qui, selon moi, arrê-

*

tent l'essor de notre commerce, sur l'enquête commerciale actuelle, & sur les réclamations du commerce de Bordeaux.

Je m'estimerai heureux si vous rencontrez dans cet écrit quelques vérités ou quelques vues utiles au bien de mon pays, & si vous y reconnaissez une preuve du vif désir que j'ai d'être utile à l'administration.

J'ai l'honneur d'être, bien respectueusement,

Monsieur le Maître des Requêtes,

Votre très-humble & très-obéissant subordonné,

Saint-Ferréol.

EXPOSITION

DU

Système des Douanes en France,

depuis 1791 jusqu'à 1834.

INTRODUCTION.

La législation des douanes exerce une influence immense sur l'agriculture, le commerce et l'industrie, et par conséquent sur la prospérité des États.

La fluctuation qu'éprouvent ces trois sortes de richesses est une suite des progrès qu'elles font, tant chez nous que chez nos voisins. Étudier ces progrès, et se rendre compte de leur marche plus ou moins étendue, plus ou moins rapide, c'est se placer sur un terrain d'où l'on peut découvrir en entier l'édifice de la prospérité publique, en reconnaître les défauts, et, par suite, indiquer les moyens de les corriger.

Depuis 1789, toutes les idées ont changé sur les trois branches de prospérité que j'ai indiquées, et vingt ans d'une paix sans exemple en Europe n'y ont pas peu contribué. La suppression des douanes intérieures, celle des maîtrises et des jurandes; l'abolition des dixmes, des droits d'aubaine, et d'une multitude d'autres droits gênans; le morcèlement des propriétés, qui depuis la révolution a créé un monde de propriétaires; la découverte de la vaccine; la suppression des monastères; une hygiène mieux étudiée et plus en harmonie avec notre organisation; plus d'instruction répandue parmi les masses; l'uniformité des poids et mesures, et bien d'autres causes, ont puissamment contribué aux modifications de notre bien-être et de nos idées.

L'agriculture a perfectionné ses instrumens, parce qu'elle a raisonné leur emploi; elle a, par des engrais très-actifs, et autrefois inconnus, fécondé des terrains immenses (1); elle a conquis de vastes terrains qu'elle a défrichés; elle a enrichi un grand nombre de départemens par des récoltes nouvelles, telles que celles du tabac, de la garance, de la bette-rave, etc.; et elle a augmenté considérablement nos récoltes de soie, de laines, de vins, de céréales, et de plusieurs autres articles plus ou moins importans.

L'industrie a fait encore plus de progrès: elle a puissamment contribué à fournir à meilleur marché, en plus grande quantité et en qualité supérieure, les objets les plus nécessaires. Ses premiers moyens furent les

(1) Le Calvados, la Manche, l'Orne, la Sarthe, la Mayenne, et quelques départemens voisins, approvisionnés par l'abondante mine de houille de Littry, et par la découverte de plusieurs mines d'anthracite, font de la chaux, avec laquelle ils amendent leurs terres; l'exploitation de la houille et de la chaux, leur transport, et les terrains mis en valeur, ont donné à ces départemens une impulsion telle, qu'on évalue à plusieurs millions les fonds nouvellement mis en circulation.

machines : James Watt grandit ces moyens en maîtrisant la vapeur et la leur appliquant ; Fulton, un peu plus tard, a doté la marine de l'application de la même puissance ; des canaux de navigation et d'irrigation ont été créés ; des chemins ont été construits et d'autres mieux entretenus ; des ponts nombreux et d'une invention moderne ont facilité le trajet des fleuves ; la chimie a fait des progrès immenses, elle a doté les arts d'un grand nombre d'utiles découvertes, et nul ne peut assigner le terme où s'arrêteront ses recherches, ses découvertes, et l'influence qu'elle doit exercer dans les arts.

Toutes ces causes, réunies à bien d'autres, ont donné au commerce d'échange une activité qu'on ne lui avait jamais vue, et qu'on n'aurait point soupçonnée il y a vingt ans. Nous entrevoyons maintenant quelques-uns des ressorts qui mettent en mouvement la vaste machine commerciale ; d'autres échappent à nos regards, et de là naît la difficulté de pouvoir calculer la masse de frottement qui retarde son activité et diminue ses effets.

Cependant ce frottement existe, et il excite des réclamations nombreuses. La population entière, groupée selon les intérêts qui la dominent, se jette dans l'arène dont l'enquête commerciale a ouvert la barrière. Les Chambres de commerce, des comités spéciaux, les industriels, les économistes et les journalistes, tantôt réunis, tantôt divisés, selon l'intérêt qu'on discute, s'y précipitent en foule pour y soutenir leurs prétentions ou celles de leurs représentés. Les uns y exposent leurs besoins, d'autres cherchent à s'alléger de fardeaux et d'entraves ; et tandis que celui-ci veut reconquérir ce qu'il a perdu, celui-là veut absolument conserver ce qu'il a conquis. On attaque l'impôt sur les boissons, sur le tabac et sur le sel ; on veut niveler le prix des denrées et des marchandises, en diminuant les droits de douane, et en levant les prohibitions.

Des journalistes, des énergumènes, crient au monopole, au privilége ; et la masse qui, presque toujours, adopte les mots sans y attacher une idée fixe, croit au monopole, et crie également contre lui, sans s'apercevoir qu'il n'existe réellement ni monopoles, ni priviléges, mais que s'il en existait, la nature des demandes que l'on fait tendrait à arracher le monopole de certaines mains pour le placer dans d'autres, que ce serait donc le déplacer et non le détruire.

Les vignicoles crient contre les propriétaires de forges, de forêts et de houille ; les fabricans, contre l'exagération des droits sur les matières premières ; les éleveurs de bétail, contre l'insuffisance des droits de douane, et contre le prix du sel ; les négocians, contre les droits élevés et les prohibitions ; enfin, l'opposition politico-systématique crie contre tout.

Les demandes contradictoires se multiplient à chaque instant. Tandis que les ports de mer réclament des lois protectrices pour notre marine, la ville de Mulhouse sollicite l'introduction des cotons par les frontières de terre, et la ville de Metz, généralisant et étendant cette demande, désire que les marchandises importées par les mêmes frontières, et par charretiers français, soient assimilées à celles importées par navires nationaux.

Tous ou presque tous attaquent le gouvernement, et le rendent garant des contrariétés qu'éprouve le commerce, sans considérer que la force des choses, que la puissance des découvertes nouvelles, que la nature libérale de certains produits envers quelques peuples, que la rivalité et la supériorité des puissances voisines, causent, bien plus que le système adopté par nos gouvernans, le mal-aise que l'on éprouve, mais que l'on exagère.

Cependant, il faut être vrai, il existe un mal-aise; c'est un fait qu'on ne peut contester; mais il serait trop rigoureux d'en rejeter les causes sur le gouvernement seul. S'il en est quelques-unes qu'on puisse avec juste raison lui attribuer, il en est d'autres qui sont uniquement le fait des localités, des circonstances, et des populations: il faut donc faire à chacun la part qui lui revient.

N'appartenant à aucun des intérêts que froisse ou que protége le système actuel de nos douanes, je n'ai ni un intérêt personnel à protéger dans la lutte actuelle, ni un système à défendre. J'ai passé ma vie dans les douanes, j'ai observé toutes les phases de cette branche de nos revenus, depuis sa création sous Philippe-le-Bel jusqu'à nos jours; ma vie administrative touche presque à l'organisation de 1791; j'ai vu naître, se développer et s'éteindre le système gigantesque du blocus continental. Celui qu'a adopté la restauration a fixé également mon attention, je l'ai étudié, j'ai constamment lié l'étude de notre législation financière à celle de notre histoire, ainsi je puis, sans préjugés, comme sans intérêt, raconter ce que j'ai vu, et exposer franchement mes opinions, fruit de plus de vingt-cinq ans de lectures, d'observations et de méditations.

Des causes de la géne commerciale qui peuvent étre attribuées au gouvernement.

Il manque beaucoup d'agents consulaires dans des ports d'arrivage importans. Dans d'autres lieux ces agents ont été envoyés trop tard, notamment dans la plupart des États de l'Amérique du sud et dans quelques ports de la Mer-Noire.

Une fausse politique nous a fait reconnaître trop tard l'indépendance de la plupart des nouveaux États de l'Amérique méridionale; lorsque nous avons voulu traiter directement avec eux et approvisionner leurs marchés, nous avons reconnu qu'ils étaient déjà fournis par les puissances avec lesquelles ces mêmes États s'étaient liés par des traités de commerce.

On s'est plaint pendant long-tems de l'absence de stations navales dans la plupart des lieux où se fait la pêche de la baleine, mais notamment sur les côtes occidentales d'Afrique. Par cette absence de protection on n'a pu ni réprimer des révoltes qui ont eu lieu parmi des équipages baleiniers, ni rémédier à tems à de fortes avaries, ni secourir des équipages naufragés. Les pertes occasionées par ces événemens malheureux ont découragé pendant quelque tems les armateurs et diminué la source d'un revenu assuré.

Le gouvernement n'a rien fait pour l'exposition publique des produits étrangers. La ville de Lyon donne la première l'exemple d'une exposition si utile; mais, réduite à ses propres forces, elle ne s'occupera sans doute que de ses industriels et n'exposera que des produits similaires à ceux qu'ils fabriquent. Ce sera certainement un grand pas de fait vers les améliorations, mais ce ne sera qu'un pas, lorsqu'il est si utile, si urgent, d'embrasser tous les produits de l'industrie.

Le gouvernement n'est pas assez bien informé de ce qui se passe sur les marchés étrangers. La publication des extraits d'avis divers sur le commerce et la navigation de presque toutes les puissances, faite par le Ministre du commerce et adressée aux Chambres de commerce du royaume, est certainement un bienfait. Aussi a-t-on vu avec satisfaction une plus grande publicité donnée à ces extraits par leur insertion dans l'Annuaire maritime et dans les archives commerciales. Mais, il faut l'avouer, les documens insérés dans ces extraits sont encore imparfaits et laissent beaucoup à désirer. L'habileté, les talens, la persévérance, l'influence de tel agent consulaire, le mettent dans la possibilité de fournir au Ministère des renseignemens, si non complets du moins très-utiles; tandis que moins de génie, moins d'application, moins de popularité ne permettent point à tel autre d'obtenir les renseignemens qu'il sollicite. De là des lacunes, des données incertaines, un travail moins élaboré dans les communications que celui-ci transmet au Ministère. Tel article indique que telle puissance ou telle ville a reçu pendant telle année tant de navires jaugeant ensemble tant de tonneaux ; mais on n'explique point si ces navires viennent seulement de l'étranger, ou forment la totalité des arrivages, toutes origines confondues : on n'établit pas de distinction entre les navires nationaux et ceux étrangers ; de sorte qu'il est impossible de tirer une conséquence utile de quelques-uns de ces renseignemens. D'ailleurs, on n'aperçoit point d'unité dans la plupart des renseignemens adressés au Ministère ; il semble qu'on ait laissé à chaque agent consulaire le soin de travailler à sa guise et selon sa capacité.

Les renseignemens que le gouvernement reçoit des diverses administrations publiques ne sont pas plus exacts ; la plupart d'entre eux sont plus propres à égarer qu'à instruire. Je n'entrerai dans aucune citation à ce sujet, parce que le rôle de réformateur est souvent dangereux ; mais en mettant la cause que je signale au nombre de celles qui influent sur le commerce, puisqu'elle présente au gouvernement de fausses données, je dois avouer qu'il n'y a pas toujours de la faute de ceux qui transmettent les renseignemens, parce que généralement, dans tous les grands centres de population et d'affaires, le personnel se trouve au-dessous du service. Les affaires commerciales vont constamment en croissant, par la raison qu'elles suivent une marche proportionnelle et combinée avec l'accroissement de la population, l'aisance des masses et les progrès de l'industrie ; elles nécessitent des régimes exceptionnels motivés sur des causes différentes, et les combinaisons se multiplient ainsi, tandis que le personnel reste stationnaire. Lorsque la nécessité d'augmenter le personnel et de le mettre en harmonie avec les besoins du service est bien reconnue, déjà l'accroissement des affaires réclame une plus forte augmentation que celle accordée. De là naît un inconvénient grave, c'est que l'employé ne peut consacrer qu'un tems matériel à l'ouvrage dont il est chargé; il a rarement assez de tems pour raisonner son affaire, pour bien coordonner les moyens d'arriver juste aux résultats qu'il désire obtenir; et chaque fois que cet employé se livrera à un travail qui ne lui présentera aucun moyen de contrôle, il sera exposé à errer, sans pouvoir soupçonner qu'il commet des erreurs, et qu'il les transmet.

On ne tient pas assez compte, dans la discussion des droits de douanes, d'une multitude de frais qui grèvent la marchandise avant qu'elle arrive au consommateur. Le frêt, l'assurance, les avaries, les quarantaines, les lazarets surtout qui entraînent dans des frais de débarquement, de purge et de rembarquement, sont autant de circonstances dont on pourrait tenir compte lorsqu'on cherche à niveler les prix des marchés étrangers avec ceux des nôtres.

Quelques personnes reprochent à l'administration de n'avoir jamais mis à exécution l'art. 3 de l'acte de navigation du 21 septembre 1793. J'ai combattu ces reproches en faisant remarquer que la guerre continentale qui a embrasé l'Europe, depuis le commencement de la révolution jusqu'en 1814, n'a point permis de le faire exécuter, parce qu'une telle mesure eût entraîné la privation d'un grand nombre de produits des deux Indes, qui ne pouvaient nous être fournis que par des tiers pavillons; qu'en 1814 et 1815 il a été impossible d'invoquer un acte tombé en désuétude, et que depuis lors, le tarif de 1816, en établissant une surtaxe sur le pavillon étranger, a rendu l'exécution de cet article à-peu-près inutile, quant à la mise en consommation d'un grand nombre de produits importés par navires étrangers.

On m'a objecté que notre marine avait besoin d'une protection tout aussi spéciale que nos fabriques et nos manufactures; que la Turquie, l'Égypte, les États barbaresques, Haïti et tous les États de l'Amérique du sud, privés de marine marchande, ne pouvaient nous livrer leurs produits que par des navires français ou par des tiers pavillons; qu'à la vérité, la surtaxe était suffisante pour éloigner de la consommation un grand nombre de produits importés par des navires étrangers, mais qu'elle était insuffisante pour beaucoup d'autres marchandises; qu'ainsi, en admettant en entrepôt les marchandises importées par des tiers pavillons, nous approvisionnions l'étranger de produits qui avaient laissé un bénéfice considérable de frêt et d'assurance hors du royaume.

Tout en reconnaissant la justesse de l'observation, j'ai fait remarquer qu'il serait peut-être impolitique de priver la France, par une législation trop rigoureuse, des bénéfices multipliés que laissent le débarquement, le magasinage, le conditionnement, le rembarquement des marchandises ainsi importées ; que d'ailleurs tous les profits ne se bornent point là ; qu'une partie d'entre elles laisse en France une prime d'assurance ; qu'une autre partie, payée avec des produits de nos fabriques, est réexportée et échangée à l'étranger contre des matières brutes, et procure ainsi un double frêt de réexportation et d'importation.

On regrette que l'administration des douanes n'ait point su tirer parti de ses agents pour s'éclairer sur les besoins et entreprises du commerce ; qu'elle se soit totalement renfermée dans la sphère rétrécie de sa mission, celle d'être pouvoir exécutif, et rien de plus. Placée comme elle l'est, en face du navigateur et du négociant, communiquant avec tous les ports de l'univers par les livres de bord et les équipages qu'elle peut constamment interroger, l'administration des douanes eût pu transmettre des renseignemens fort utiles, qui en eussent contrôlé d'autres, et elle eût dû, par conséquent, recevoir du gouvernement une mission plus large, plus étendue que celle dans laquelle on la renferme : le chef suprême de cette administration qui jugera convenable d'étendre le champ des investigations auxquelles se livrent ses subordonnés, sera bien près de devenir le chef le plus influent et peut-être le plus utile des diverses administrations financières ; il touchera presque au Ministère.

C'est en se renfermant dans le cercle étroit de ses attributions, que l'administration a rapetissé les idées de ses employés, et arrêté le développement qu'elle eût pu donner à leur mission. Elle avait un moyen excellent de se faire instruire d'une infinité de faits essentiellement utiles à recueillir, et qui réunis eussent formé un foyer de lumières propre à éclairer le gouvernement; c'était l'envoi des journaux de travail: elle l'a négligé.

L'administration eût pu donner aux rapports que lui adressent les chefs de service, le double caractère d'être tout-à-la-fois un journal de travail et un journal d'observations; car, en effet, quelle administration est mieux placée qu'elle pour colliger une infinité de particularités qu'ignorent même les Chambres de commerce? Mais c'est parce que cette administration n'a point rempli cette mission, c'est parce qu'on l'a comprise inhabile à remplir la lacune qui existait dans notre machine gouvernementale, qu'on a créé un Ministère du commerce, centre d'action où tout se qui intéresse le commerce doit aller se réfléchir pour de là se répercuter.

Quelques-uns des journaux que les chefs de service adressent, sont rédigés consciencieusement; ils exposent franchement ce que ce chef a fait, ou vu, ou dit: mais pour quelques-uns de consciencieux, de bien compris, combien n'en est-il pas de faibles de détail?

Examinons quel est le contexte de la plupart de ces journaux; on y rend compte de l'emploi du tems, on y dit qu'on a surveillé le service de telle ou telle autre manière, qu'on a prescrit telle mesure, qu'on a reçu ou expédié tant de colis, qu'on a perçu tant de droit, enfin on entre dans quelques digressions. Voilà à-peu-près la base de tous les journaux de travail des employés de bureau. Je ne vois dans tout cela que le récit d'un travail très-matériel, et je n'aperçois rien qui puisse éclairer le gouvernement sur des faits d'une haute portée. Si par la nature de mes fonctions j'étais appelé à rendre compte à l'administration de ce que j'ai fait ou remarqué, mon premier soin serait sans doute de lui répondre sur tous les faits qu'elle désire connaître; mais je ne croirais point lui présenter un travail surabondant, si je l'instruisais de faits qui peuvent influer sur la législation des douanes, dans l'intérêt du royaume. Ainsi, par exemple, je lui ferais remarquer que depuis quelques années, trois puissances, dans la Méditerranée, l'Espagne, l'Égypte et le royaume de Naples, s'efforcent de protéger la navigation, le commerce, l'agriculture et l'industrie dans leurs gouvernemens respectifs; qu'une quatrième puissance, la Toscane, marche sur leurs traces.

La province de Catalogne, dirais-je, tire de France des quantités considérables de machines de toute espèce propres à carder, filer, dévider, tisser, presser, peigner, fouler, tondre, imprimer, etc. Vos employés à la balance du commerce ne voient, dans ces opérations, qu'une exportation de plusieurs milliers de francs qui produisent quelques centaines de francs de recette. J'aperçois dans ce mouvement une brèche faite à l'exportation future de nos produits fabriqués. Je vois la Catalogne prête à filer les belles laines de Ségovie, les cotons de Motril et les soies de Valence et de Grenade. Je la vois en possession de fournir bientôt à plusieurs provinces d'Espagne des tissus qu'elle aura fabriqués; mais attendu que cette province est forcée de tirer de France les machines qui lui sont nécessaires, parce qu'elle n'a ni dessinateurs, ni ouvriers, ni graveurs, ni mécaniciens, je propose d'élever le droit de sortie sur les machines et les mécaniques, mais de telle manière que ce pays puisse encore les tirer de chez nous préférablement que de l'Angleterre.

Je lui dirais encore: vos états de balance de commerce, infiniment défectueux, ne vous instruisent qu'imparfaitement de ce qu'il vous est utile de savoir. L'insuffisance de ces états me fait un devoir de vous annoncer que le royaume de Naples, pendant l'année 1834, a exporté de Marseille de grandes quantités de graines de garance, et comme je sais positivement que depuis l'élévation des droits sur les laines, ce royaume a su utiliser ses belles laines de Pouille en les employant à son usage, j'ai lieu de croire qu'il veut utiliser aussi ses champs en naturalisant chez lui la garance. Or, comme avec les cent cinquante ou les deux cents quintaux décimaux de graines qu'il a exportées de Marseille depuis quelques mois, il en a plus qu'il ne lui en faut pour se passer dans trois ans de toute garance étrangère, on doit en conclure qu'avant dix ou douze ans, il pourra en pourvoir abondamment l'étranger, et nuire essentiellement à la vente des nôtres par les bas prix auquel il pourra livrer les siennes; car dans un pays tel que celui-là, où des terrains immenses sont en friche et presque sans valeur, où la main-d'œuvre est à très-bas prix par la beauté du climat qui invite l'habitant à la sobriété, où les impôts comme les besoins des peuples sont modérés, où enfin une température peu variable, un soleil bienfaisant et des terres fertiles assurent des récoltes abondantes, tout doit être à bas prix.

Daignez remarquer, dirais-je aussi dans mes rapports, que ce petit royaume de Naples, déjà très-riche par lui-même, par la grande quantité d'huile qu'il fournit à l'Europe, possède un auxiliaire puissant dans la Sicile qui livre au commerce plus de quatre-vingt produits différens, tous tirés de son sol ; que ce même royaume de Naples fait depuis quelques années des expéditions directes pour le Nouveau-Monde, où il porte des produits similaires à ceux que fournit la France, et d'où il rapporte les denrées coloniales et les épiceries nécessaires à sa consommation, que nous lui fournissions précédemment. Ce royaume, au surplus, n'est plus tributaire de la France que pour certains tissus de soie, pour la porcelaine, l'horlogerie et quelques objets d'industrie parisienne, et depuis quelques années, on y remarque des progrès bien constans dans la fabrication des tissus de laine et de soie ; dans la tannerie, les papéteries, la ganterie, etc. Je pense que des rapports qui constateraient de tels faits seraient bien plus utiles que les puérilités dont un inspecteur principal couvrait son journal, en annonçant qu'il avait surpris tel préposé de planton occupé à tondre son chien, tandis que le lieutenant le regardait (2).

(2) Avant de livrer à l'impression cet ouvrage, j'ai communiqué à un chef supérieur des douanes, que j'estime et dont j'apprécie les conseils, la première moitié de mon manuscrit. Il a daigné m'assurer que l'administration reçoit, de tous les grands ports de commerce, par l'intermédiaire de ses inspecteurs sédentaires,

On remarque aussi que la création de chemins de fer devient de plus en plus indispensable, d'abord parce que l'Angleterre a pris l'initiative à ce sujet, puis parce que nos fabriques sont généralement éloignées des ports de mer.

Enfin, on regrette encore que la France n'ait pas un plus grand nombre d'écoles d'agriculture.

Telles sont, parmi beaucoup d'autres causes, celles que j'ai cru pouvoir signaler.

Des causes qui gênent le commerce, et qui sont indépendantes de la volonté du gouvernement.

1° Au premier rang de ces causes, se rencontre l'instabilité du caractère français, cause que des nations voisines ont remarquée, et qui, semblable à l'arbre de la science du bien et du mal, a fait entreprendre à notre nation de si belles, de si utiles choses, et en a fait abandonner de si importantes. C'est la légèreté du caractère national qui nous fit perdre nos possessions dans l'Inde en abandonnant nos gouverneurs et nos généraux à leurs propres forces; c'est cette légèreté qui a fait abandonner d'excellens projets avant et pendant leur exécution; c'est elle qui, semblable au Saturne de Carthage, a dévoré presque tous nos gouvernans depuis

les renseignemens qui peuvent l'éclairer sur les faits qu'elle désire connaître. Je n'ai apporté d'autre changement à mon manuscrit que l'addition de la présente note.

1789; c'est elle qui occasione chez nous des secousses politiques si fréquentes, qui crée des émeutes, et qui nécessite des lois d'exception; c'est elle enfin qui a longtems arrêté l'essor qui portait la France vers les grandes choses.

2° Les progrès dans lesquels se lancent les puissances européennes, et notamment celles qui bordent la Méditerranée, doivent aussi trouver place ici.

Le royaume de Naples a cessé, depuis 5 ou 6 ans, de nous expédier les belles laines qu'il produit : il les emploie toutes dans ses fabriques. Il a considérablement diminué ses expéditions de soies brutes : il commence à fabriquer avec succès des étoffes de soie, et une infinité d'autres industries sont en voie de progrès très-prononcés; malheureusement, le système vicieux adopté dans notre tarif de douanes favorise en partie de tels progrès en livrant à l'étranger nos meilleures machines. J'ai vu, vers la fin de 1834, plusieurs métiers à la Jacquard être expédiés pour Naples, et le 9 décembre de la même année, 88 colis venus en transit par Mulhouse, renfermant 16,700 francs de machines diverses, ont été embarquées pour la même ville. Le royaume dont cette ville est la capitale vient chercher jusques chez nous le sable propre à ses verreries, et l'argile nécessaire à ses creusets et à sa poterie.

La Toscane, l'Égypte et l'Espagne imitent le royaume de Naples.

3° L'association des douanes prussiennes, qui date d'environ 3 ans, a contrarié notre commerce d'exportation dans plusieurs villes du Nord.

4° L'éloignement de la plupart de nos fabriques des ports de mer augmente le prix de nos produits manufacturés. Si j'en excepte Rouen, presque toutes nos fabriques et manufactures sont plus ou moins éloignées de la mer. Les fabriques de drap du Bas-Languedoc et nos objets de nouveautés de Nîmes ne font point exception à la règle, car il faut remarquer que le lieu d'embarquement de ces produits est Marseille. Les villes de Lyon, Tarare, Roanne, Sédan, Mulhouse et tant d'autres, justifient ce que j'avance sur l'éloignement de nos lieux de fabrication; elles ne reçoivent leurs matières premières ou que par leur roulage, ou que par la remonte des fleuves, ce qui renchérit le transport. En Angleterre, au contraire, toutes les fabriques sont situées dans un rayon de moins de 30 lieues des côtes; des chemins de fer et de nombreux canaux accélèrent les transports et en économisent les frais (3).

(3) La Grande-Bretagne a vu construire, depuis 1752, 103 canaux dont 98 pour l'Angleterre, le surplus pour l'Écosse et l'Irlande; ils forment ensemble une étendue de plus de 1000 lieues en n'y comprenant point ceux qui n'ont pas deux lieues d'étendue, et ont coûté plus de 750 millions de francs. Les actions de quelques-uns de ces canaux se sont accrues avec une rapidité étonnante. Voici l'indication des prix primitifs des actions et de eurs valeurs en 1832 :

		Prix prim.		En 1832.
Canal de Loughboroug............	Liv. St.	142	—	2200
» de Birmingham............	»	17	—	240
» de Tent et Mersey (demi-part).	»	100	—	1300
» de Conventry..............	»	100	—	750
» de la Mersey..............	»	100	—	720
» d'Oxford.................	»	100	—	550

&c., &c., &c.

Il est d'autant plus indispensable de s'occuper chez nous des moyens de communication, que tous les états situés au nord de la France sont prêts à nous devancer. Les États-Unis d'Amérique eux-mêmes nous ont déjà laissés en arrière d'eux. Cette puissance née, comme Hercule, avec les forces de la virilité, comptait l'année dernière environ 2,190 kilomètres de canaux en cours d'exécution, et plusieurs chemins de fer commencés. Les 80 lieues de distance qui séparent New-Yorck de Washington sont, par un chemin de fer, franchies dans moins de 15 heures de tems. Le seul état de Pensilvanie a dépensé, depuis 40 ans, 195 millions en routes, canaux, ponts et chemins de fer, et le développement des canaux et des chemins de fer s'y élève déjà à 1,129 kilomètres. Comment pourrons-nous disputer le terrain à nos rivaux si nous les combattons avec des armes inférieures aux leurs?

5° On ne trouve pas en France cet esprit d'association qui, en réunissant des masses d'intérêts et de capitaux, fait entreprendre de grandes choses. C'est cet esprit d'association qui, en Angleterre, fait obtenir une réduction de prix sur l'achat des matières premières; qui a fait ouvrir des routes et des canaux, etc., etc.

6° Nous n'avons pas en France une banque qui soit établie sur un système aussi large que celle d'Angleterre. La banque de France qui, au 1er janvier 1831, avait en circulation environ 200,000,000 fr. en billets, a constaté, d'après ses livres, un revirement de fonds de 3,932,352,000 fr. en 1833. La banque d'Angleterre, en y comprenant les billets émis par les banques des provinces, avait en circulation, au mois d'août 1831, 835,220,775 fr.; elle a dû, toutes proportions égales, donner lieu en 1833 à un mouvement de fonds d'environ 11 milliards. Mais si l'on considère qu'en Angleterre, le mouvement commercial est plus important qu'en France, que les billets de banque s'y divisent jusqu'à la modique somme de 25 fr., on concevra combien l'évaluation que je donne est au-dessous de la réalité. En ne la mettant qu'à 11 milliards, comme je l'ai fait, on doit conclure qu'une pareille activité a dû donner lieu à une masse considérable de transactions.

Au 1er mai 1834, selon la déclaration officielle faite par les directeurs de la banque des États-Unis, la valeur des obligations de toute espèce que cette banque avait en circulation s'élevait à 61,958,566 dollars (330,239,157 fr.), et les ressources de toute nature pour faire face à ses engagemens montaient à 72,887,326 dollars (388,489,447 fr.)

7° En France, nos machines à vapeur et autres sont beaucoup plus chères qu'en Angleterre, et par un erreur de principes bien funeste, on y assujétit à un droit qui varie entre 17 et 33 pr % l'importation des mêmes machines, en même-tems qu'on favorise leur exportation du royaume.

8° En France, absence de combustibles sur certains points, généralement cherté partout ailleurs.

9° En France, cherté dans les prix du frêt.

10° En Angleterre, débouchés immenses, occasionés par les grandes possessions de cette puissance dans diverses parties du monde, ce qui permet à l'exportateur de compenser par une plus grande exportation ce qu'il n'obtient point sur les prix.

C'est principalement à ces causes qu'on doit attribuer la supériorité que les Anglais ont obtenue dans divers genres de fabrication, notamment sur les tissus et les filatures, progrès auxquels la France ne pourra atteindre qu'après de longues années.

Des causes que je viens de signaler, il résulte deux faits bien constans :

1° Que le gouvernement ne connaît pas bien la position du commerce, et qu'en la connaissant il n'est pas en son pouvoir d'accorder toutes les améliorations qu'on sollicite ;

2° Que le commerce est fondé dans quelques-unes des nombreuses réclamations qu'il a adressées au gouvernement.

Du premier fait établi, on doit tirer cette conséquence, que le gouvernement mal informé s'est trouvé dans l'impossibilité de faire droit à tems aux justes remontrances qu'on lui a faites ; que se tenant ainsi toujours en arrière des besoins du commerce, il n'est entré que tardivement dans la voie des améliorations, c'est-à-dire, que lorsque le mal qu'on signalait avait atteint un caractère de gravité. C'est ainsi qu'on n'a accordé le transit par la voie de terre, un transit presque illimité, un entrepôt de marchandises prohibées, et les entrepôts intérieurs, qu'après plusieurs années de réclamations, et qu'après de vives discussions. C'est ainsi encore que l'Algérie attend un tarif protecteur qui ne permette point aux produits étrangers d'envahir, au détriment des nôtres, ses marchés, et qu'elle l'attend encore malgré que j'aie démontré que le commerce étranger a enlevé de cette contrée, dans l'espace de trois ans et demi, plus de 15 millions de numéraire, qui, sorti de France, aurait dû, avec une bonne législation, y rentrer (4).

Il est un moyen facile de parer à ce grave inconvénient, c'est de ne point borner les investigations aux faits entièrement accomplis, mais de les faire encore reposer sur les faits qui se préparent. C'est cette étude à laquelle je me suis livré qui m'a mis dans la possibilité de juger quelquefois sainement de l'avenir.

Des adresses au gouvernement sur les besoins du commerce.

Aujourd'hui les adresses au gouvernement sur les besoins du commerce se sont considérablement multipliées; quelques-unes d'entre elles ne portent plus ce caractère réservé qui distinguait autrefois les remontrances respectueuses, et dans lesquelles on disait néanmoins de grandes vérités. Les demandes renfermées dans ces adresses roulent sur des questions bien plus graves que toutes celles précédemment soulevées; car, dans leur solution, se trouvent placés la prospérité de

(4) Mémoire intitulé : *Nécessité de conserver la régence d'Alger, et d'organiser ses douanes*, adressé à M. le Directeur de l'administration des douanes, le 19 juin 1834.

la France, une question de dynastie, le repos peut-être de l'Europe entière. On ne se borne plus à solliciter quelques réductions de droits, ni à demander la levée de quelques prohibitions ; on veut une réforme entière de notre tarif, basée sur une réduction considérable de droits, et sur la levée de presque toutes les prohibitions. On demande cette réforme en des termes plus ou moins absolus, et pour une époque plus ou moins rapprochée. Comme on le voit, c'est une question de vitalité pour la France ; car il s'agit de trouver la solution de ce problème : Faut-il protéger les industriels étrangers préférablement aux nôtres, ou en d'autres termes, faut-il peupler nos carrefours et nos grands chemins d'un million de brigands armés, poussés par la misère, ou faut-il continuer à payer nos tissus quelques sous de plus par aune ?

La Chambre de commerce de Bordeaux, par son adresse au gouvernement et aux Chambres législatives, est celle qui a mis en émoi tout le commerce du royaume. La présentation du projet de loi sur les douanes, déposée en février 1834, a été l'occasion d'une protestation du commerce, et de réclamations de la Chambre de commerce de la même ville, qui, en 1828, avait vu les propriétaires vignicoles de son département présenter aux Chambres une pétition, couverte de 12,563 signatures, dans laquelle les réclamans signalaient les inconvéniens du système prohibitif. Les deux premiers actes ont éveillé l'attention de plusieurs Chambres de commerce, qui se sont ralliées à la première en donnant leur adhésion ou absolue ou restrictive.

Dans l'adresse du commerce de Bordeaux, où l'on reconnaît, à la concision du style, à la vigueur des idées et à la nouveauté des principes qu'elle renferme, la plume d'un des publicistes les plus distingués de France, se retrouvent :

1° L'accusation normale, faite au gouvernement, de sacrifier les pays vignicoles pour favoriser la houille, le fer, le coton et le sucre.

2° Un aveu dans lequel Bordeaux reconnaît la supériorité de certains produits étrangers, en déclarant que « les nations rivales, que nous excluons aujourd'hui, « continuant à développer des ressources naturelles, et « nous, ne pouvant mettre en œuvre que des moyens « purement factices, nous laisseront toujours en arrière « de leurs progrès. »

3° Enfin, une protestation de poursuivre le projet de loi devant la prochaine législature, s'il est promulgué comme loi de l'État, est la disposition finale de cette adresse, qui, en exaltant les imaginations, a monté à un très-haut degré l'état de paroxisme où se trouvent les questions de douanes.

Depuis cette adresse, les propriétaires vignicoles de la Gironde ont protesté contre le système actuel des douanes, en exposant qu'il avait contribué à la diminution de l'exportation des vins, qui font la richesse de leur département. Les vignicoles du Gers et des Basses-Pyrénées, entraînés par l'exemple de ceux de la Gironde, ont suivi les traces de ces derniers. Les négocians de Toulouse, et les propriétaires de vignes de la Haute-Garonne, ont adhéré également à l'adresse des négocians de Bordeaux et du comité vignicole de la Gironde.

Nonobstant ces adresses, les dispositions du projet de loi, à-peu-près telles qu'elles avaient été présentées, ont été mises à exécution sous la forme de deux ordonnances. Ces dispositions, qui lèvent des prohibitions et réduisent des droits. sont des améliorations qu'avaient sollicitées quelques Chambres de commerce.

Enfin, depuis la publication de ces ordonnances, M. le Ministre du commerce a demandé aux Chambres de commerce leur opinion sur plusieurs questions importantes.

De l'enquête commerciale.

Cette sorte d'enquête justifie ce que j'annonçai lorsque M. le Ministre du commerce, en 1828, en fit faire une sur les fers, les houilles, les vins, les sucres, etc. J'annonçai qu'on allait chercher, comme Moïse sur le mont Sinaï, une loi au milieu de la foudre et des éclairs, et qu'on serait fort heureux si, comme le législateur théocrate, on n'était obligé de la briser de suite. J'annonçai que cette enquête allait soulever les passions, et mettre en présence des intérêts diamétralement opposés; que les intéressés diraient et écriraient de fort belles et bonnes choses de part et d'autre, mais qu'on finirait par se séparer sans s'accorder: c'est ce qui arriva.

Une enquête commerciale n'est pas une chose nouvelle; l'histoire des peuples commerçans en présente des exemples, et la Hollande en fournit un de remarquable par l'étendue des renseignemens que l'enquête sollicita. Après les guerres qu'arrêta le traité d'Aix-la-Chapelle (2 mai 1668), la Hollande, épuisée par les efforts qu'elle avait faits pour soutenir une lutte inégale contre la France, fit faire une enquête pour rechercher les causes qui avaient ralenti sa navigation, diminué le produit de ses pêcheries et réduit son commerce, et pour découvrir les moyens de rendre à l'État son ancienne prospérité. Le Stathouder s'adressa aux négocians qu'il jugea le plus propres à éclairer des questions si importantes.

Ici, comme on le voit, les enquêtes soulevées en Hollande et en France se présentent sous un aspect bien différent.

En Hollande, toutes les professions se firent un devoir de répondre à l'enquête, parce que toutes concouraient au même but, celui de rendre au commerce national son ancien éclat et sa force ; il y eut donc unité d'action, d'intérêt et de zèle pour éclairer le gouvernement, pour lui montrer à nu les plaies de l'État, pour lui signaler les causes du mal, et pour lui indiquer les remèdes qui pouvaient le guérir.

En France, au contraire, l'enquête, quoique tendant au même but, celui d'améliorer et d'étendre nos relations commerciales, l'enquête, dis-je, se présente d'une manière infiniment complexe. Elle oppose les intérêts les uns aux autres, elle met l'agriculteur en présence de l'industriel, et oppose à ceux-ci le négociant, de sorte que les trois grands agens qui contribuent à la prospérité de l'État se trouvent divisés. On demande à notre industrie, s'il faut lever les prohibitions qui assurent son existence; à l'agriculteur, s'il faut réduire les droits sur les produits similaires à ceux qu'il récolte; au négociant, s'il convient de réduire les droits et de faire disparaître les prohibitions: c'est en peu de mots, n'importe à qui l'on adresse ces demandes, mettre en questions les premiers principes d'économie.

Il me serait assez difficile d'expliquer si le but que s'est proposé M. le Ministre, en faisant faire l'enquête, a été rempli; mon opinion, à cet égard, ne pourrait se fixer qu'autant que je saurais si M. le Ministre a cherché à s'instruire ou à instruire les autres.

De l'enquête actuelle, il ne restera qu'un seul avantage, en entier au profit du Ministère; il consistera à décharger sa responsabilité, en prouvant à MM. Bowring et Powlett Thompson, à l'Angleterre, à la France entière, que nos fabriques ne peuvent se soutenir sans les prohibitions.

Quant à l'opposition politico-systématique, l'enquête ne lui démontrera rien, parce que les passions ne raisonnent point, et que le pire de tous les sourds est celui qui ne veut pas entendre.

J'ai à justifier ce que je viens d'exposer, en énonçant que l'enquête allait mettre en présence des intérêts diamétralement opposés.

Il est de fait que trois intérêts bien nuancés sont mis en présence par l'enquête, l'agriculteur, le négociant et l'industriel. Un quatrième intérêt, le plus nombreux, le plus puissant, le plus intéressé, assiste aux débats en spectateur tranquille et patient, sans mot dire : c'est le consommateur.

L'agriculteur se contentera de droits peu élevés pour lutter contre l'agriculteur étranger ; mais il a besoin d'une protection d'autant plus spéciale, qu'il est la source première de toutes les richesses, que l'impôt territorial est plus élevé en France que dans beaucoup d'autres pays, et qu'il faut d'ailleurs lui tenir compte des mauvaises récoltes, de la mortalité du bétail et de tant d'autres événemens fâcheux qui n'affligent pas toujours les récoltes étrangères.

L'industriel, avec un intérêt souvent opposé à celui de l'agriculteur, est aussi un type qu'il faut protéger. Il engage des capitaux énormes qui ont fait vivre une multitude d'ouvriers différens. Ces capitaux, lorsqu'ils fonctionnent, répandent la vie et l'aisance dans une infinité de familles, qui réagissent sur une multitude de professions diverses, et en définitive sur l'agriculteur. Abandonner l'industriel à ses propres forces, c'est abandonner aussi l'ouvrier, et reporter la France aux 12me et 13me siècles, où l'on ne trouvait que des Lombards qui faisaient le commerce, des Juifs qui faisaient l'usure, des soldats et des seigneurs qui détroussaient les voyageurs, qui ruinaient le paysan, et des moines, enfin, qui fabriquaient de faux miracles.

Quant au négociant, son intérêt est bien distinct de celui des deux autres : celui-ci s'interpose entre le producteur agricole ou manufacturier et le consommateur. Son affaire, comme celle de tous les autres, est d'acheter au meilleur marché possible, et de vendre le plus cher qu'il peut ; mais avec cette différence, que, cosmopolite, il appartient au pays qui lui offre le plus de bénéfices, tandis que l'agriculteur et le manufacturier tiennent essentiellement au sol. Le négociant peut souvent attendre le moment favorable pour la vente, l'agriculteur et l'industriel ne le peuvent pas toujours ; le dernier surtout est souvent obligé de vendre à perte pour conserver sa clientelle et ne pas renvoyer ses ouvriers.

Le négociant ne fait que l'avance des droits payés au gouvernement, il en tient compte à celui qui consomme (5) ; l'agriculteur paie des impôts et supporte des charges que l'incertitude des récoltes ne compense pas toujours ; et l'industriel, forcé de livrer ses produits aux prix du jour, souvent n'est pas indemnisé des variations de prix qu'éprouvent les matières premières, de l'acquittement des droits qu'il a remboursés au négociant, du prix de la main-d'œuvre et de l'intérêt de ses capitaux.

Mais le négociant offre de grands avantages à l'État, il expose sa fortune pour tenter des découvertes utiles, il dirige ses armemens vers des marchés peu fréquentés, comme vers des ports hospitaliers ; par les pêches lointaines, il crée des matelots, ouvre une source nou-

(5) Il faut regarder le négociant, et comme le débiteur général de l'État, et comme le créancier de tous les particuliers. Il avance à l'État le droit que l'acheteur lui paiera quelque jour ; et il a payé, pour l'acheteur, le droit qu'il a payé pour la marchandise.

Montesquieu. *De l'esprit des lois, liv.* 13, *chap.* 14.

velle de richesses et fournit une nourriture saine aux classes peu fortunées. Mieux instruit que qui que ce soit des avantages et des obstacles qui se présentent sur les marchés étrangers, et des prix qu'on y cote, il acquiert au plus bas prix possible, et transforme ses magasins en entrepôts, où le fabricant vient à toute heure s'approvisionner et s'assortir des matières qui lui sont nécessaires et sans lesquelles les fabriques manqueraient souvent d'alimens. Le négociant paralyse donc l'effet que produirait une disette de récolte, et il dégorge le pays de tout ce qui excède ses besoins; sans lui, la majeure partie de nos objets fabriqués ne pourrait être exportée. L'avis du négociant doit donc être d'un grand poids dans les discussions d'économie, mais rien de plus, parce qu'il serait imprudent de lui laisser une voix délibérative. En effet, il serait dangereux de laisser une voix prépondérante à celui à qui il importe peu d'acheter en deçà ou au delà de la Manche, pourvu qu'il y trouve du bénéfice; à celui qui peut d'un instant à l'autre réaliser ses bénéfices et les emporter en pays étranger.

Mais, je le répète, l'avis du négociant doit être d'un très-grand poids dans les discussions ouvertes, parce qu'il connaît tous les besoins en sa qualité d'agent général de tous les intérêts.

Des réclamations adressées par le commerce et les vignicoles de la Gironde.

Depuis près d'une quinzaine d'années, Bordeaux se plaint de la décadence de son commerce, et dans le principe ces plaintes furent lancées comme de simples réflexions ; puis on signala les principales marchandises sur lesquelles portait la décroissance ; puis on attribua la décadence à la protection que le gouvernement accorde aux fers, aux houilles et aux sucres indigènes. Les journaux de Toulouse, auxiliaires de ceux de Bordeaux, entrèrent aussi en lice pour déclamer avec quelque acrimonie contre le système actuel des douanes. Ils furent plus loin, ils ne craignirent point d'attribuer la diminution du commerce de Bordeaux à un commerce de contrebande qui, selon eux, se faisait en grand à Marseille, notamment sur les grains. Les journaux de cette dernière ville répondirent victorieusement à de telles allégations, et le corps de la douane garda le silence dans cette polémique qui l'intéressait, puisque les attaques tendaient à le déconsidérer. On ne saurait le blâmer d'une réserve qui laissait au tems le soin de le justifier en faisant paraître la vérité dans tout son éclat.

Depuis lors, des écrits sortis de Bordeaux ont publié l'idée de séparer les intérêts de cette ville de ceux de la France. Quelques journaux de la capitale relevèrent le gant et firent ressortir l'inconvenance qu'il y avait à émettre une telle idée; ils firent observer, avec juste raison, que la séparation d'intérêts commerciaux ne pouvait être que le prélude d'une séparation d'intérêts politiques, et ils citèrent fort à-propos l'exemple presque récent de ce qui venait de se passer aux États-Unis, dans les dissidences de province à province, au sujet d'un tarif de douanes, où l'on vit les États du Sud menacer de briser le lien confédéral, parce qu'ils comprenaient que les intérêts commerciaux et politiques sont indivisibles.

Enfin, les dernières adresses et les protestations de la même ville qui, en ralliant plusieurs Chambres de commerce, ont peut-être motivé l'enquête actuelle, ont également fixé l'attention de quelques journaux.

Tant que Bordeaux s'est bornée à déclamer d'une manière vague sur l'état décroissant de son commerce, je ne me suis point arrêté à ses plaintes; mais lorsque je l'ai vue accuser le gouvernement de ses désastres; entraîner dans le tourbillon de ses griefs des Chambres de commerce, et les propriétaires vignicoles de plusieurs départemens; lorsque j'ai vu plusieurs journaux s'identifier avec elle, soit par erreur, soit par système, alors j'ai éprouvé un secret déplaisir de ne pas voir répondre à de telles inculpations, et je me suis occupé moi-même de cette affaire.

Bordeaux s'étant plaint de la décroissance de l'ensemble de son commerce, et notamment de la diminution dans les exportations de ses vins, je séparerai l'examen de ces deux griefs.

---

§. Ier. Du commerce de nos grands ports.

La prospérité des ports de mer tient à deux causes très-importantes, à leur aggrégation à un grand État, et à leur position topographique.

Les ports de Marseille, Bordeaux, Nantes et le Hâvre appartiennent tous les quatre à un même État dont la population dépasse 32 millions d'habitans. Leur position à cet égard étant la même, il n'y a pas de raison pour que l'un de ces ports prospère plutôt qu'un des trois autres; car chacun d'eux peut fournir aux besoins des 32 millions d'individus qui peuplent la France. L'importance du commerce qui se fait dans chacun de ces quatre ports dépend donc de sa position topographique.

En effet, chacun de ces ports étant la clef d'un des quatre grands bassins géographiques qui divisent la France, Marseille aux bouches du Rhône, Bordeaux sur la Gironde, Nantes sur la Loire, et le Hâvre à l'embouchure de la Seine, chacun de ces ports, dis-je, reçoit nécessairement les produits étrangers que consomment les peuples placés dans ces bassins ou qui y communiquent facilement; et comme la consommation est, à très-peu de chose près, proportionnelle à la population de chaque bassin, on conçoit que le port placé sur le plus populeux d'entre eux fera nécessairement plus d'affaires que ses rivaux.

Marseille est dans cette hypothèse. Indépendamment du bassin du Rhône que son port approvisionne, Marseille envahit encore une partie de celui de la Gironde à cause de sa proximité de Cette, d'Agde et de la Nouvelle, qui lui permet d'expédier avec économie sur chacun de ces trois ports de nombreux produits étrangers qui, remontant le canal du Languedoc, sont transportés jusqu'à Toulouse et même jusqu'à Bordeaux. Parmi ces produits figurent au premier rang les huiles, les fruits secs, les sumacs, des bois de teinture, des cotons, des laines, et les sucres et les soufres qu'elle a raffinés. Cette ville ne borne point là ses relations avec l'intérieur, elle communique encore avec le cœur du royaume par la Saône et les canaux du Centre et de Bourgogne : ainsi tandis que par sa position topographique elle approvisionne trente-un départemens renfermant une population d'environ 10,294,000 h.

Le Havre fournit aux besoins d'à-peu-près vingt-cinq départemens peuplés d'environ.................. 12,208,000 »

Bordeaux fournit à la consommation d'environ seize départemens contenant à-peu-près.................... 5,348,000 »

Et Nantes n'en alimente que quatorze, peuplés d'environ.......... 4,711,000 »

quoique le bassin de la Loire renferme environ dix-neuf départemens.

Cette division par départemens, que je ne donne point comme rigoureusement exacte, mais comme assez approximative, est au surplus en harmonie avec le mouvement de la navigation et la perception des droits de douane dans chacun des quatre grands ports dont il est ici question (6).

Ainsi, les états de navigation démontrent qu'il est entré annuellement sans distinction de provenance (7):

A Marseille...	6061	navires jaug[t]	480,723	ton[aux].
Au Hâvre.....	3379	»	327,803	»
A Bordeaux...	3282	»	227,458	»
Et à Nantes...	3597	»	154,533	»

Quant aux recettes des droits de douane qui ont eu lieu dans les mêmes ports, les bordereaux de recettes les établissent ainsi qu'il suit (8):

(6) Les considérations qui reposent sur la population qu'approvisionne chacun de nos grands ports de commerce, sur le nombre des navires qu'ils reçoivent, et sur les droits de douane qu'ils perçoivent, ne peuvent, soit qu'on les examine isolément, soit qu'on les combine, déterminer au juste le rang commercial que doit prendre chacun d'eux. Il faudrait, pour arriver à un résultat exact, tenir compte de plusieurs circonstances qui échappent aux observations du statisticien. Ainsi, par exemple, à population égale, plusieurs départemens sont plus pauvres que d'autres; sous le rapport de la navigation, Rouen reçoit des navires qui alimentent le bassin de la Seine, et qui ne touchent point au Hâvre; sous le rapport des droits, une partie de ceux qui affectent le bassin de la Seine est perçue à Rouen et dans les entrepôts de Paris, et doit être ajoutée aux recettes du Hâvre, pendant qu'une partie des marchandises importées par Marseille acquitte les droits aux douanes de Toulouse et de Lyon. Ces considérations gardées, il reste encore à examiner de quelle importance sont les expéditions en transit et par continuation d'entrepôt.

(7) Année moyenne, prise sur les neuf années 1825 à 1833.

(8) Les droits sur les sels ne sont point compris dans les chiffres que je présente.

	Marseille.	Le Hâvre.	Bordeaux.	Nantes.
1815	4,885,334	6,347,736	9,265,250	2,521,397
1820	13,104,294	16,954,115	14,595.520	6,817,031
1826	21,037,560	24,424,574	10,590,903	9,901,081
1827	20,885,557	21,861.293	9,980,570	9,735.540
1828	23,379,222	23,167.469	11,151,364	10,822,421
1829	20,634,682	25,937,681	11,179,564	9,484,913
1830	22,158,651	22,944.017	10.591.623	7,777,210
1831	22,756,639	22,124 941	10,425,081	10,442,965

Si l'on ajoute aux réflexions qui précèdent que Marseille fournit, par la voie du transit, à la consommation d'une partie de la Suisse et de l'Allemagne; qu'elle communique, par la même voie, avec la Prusse et la Belgique; qu'elle fournit abondamment la France de savons, d'huiles, de fruits secs, de salaisons, de parfumeries, de tartres, de certains produits chimiques, de sucres et de soufres raffinés, etc., etc., on n'aura encore qu'une idée imparfaite des avantages de cette ville, et il restera, pour compléter le tableau, à expliquer que la même position topographique la rend maîtresse d'un commerce qu'elle fait, exclusivement à Bordeaux, Nantes et le Hâvre. J'entends parler de celui que lui procure le Levant; commerce qui fut jadis le plus important de ceux auxquels elle se livrait, et dont les avantages sont trop connus pour qu'il soit nécessaire de les exposer ici.

Enfin, si aux observations qui précèdent, on ajoute que le bassin du Rhône rivalise avec celui de la Seine pour l'industrie; que Lyon, grand centre de population et d'industrie est placée au cœur de ce bassin;

que Roanne, Tarare, St-Étienne, St-Chamond, Rive-de-Gier, Grenoble, Voiron, Avignon, Nîmes, etc., contribuent à l'enrichir de leurs produits naturels et fabriqués, et que les deux rives du Rhône sont riches de leurs récoltes, soit en vins renommés, soit en soies, garances et autres objets, on concevra que ce bassin, par la combinaison de tous ses moyens de production, est peut-être le plus riche des quatre, et que Marseille, chez laquelle passe tout le commerce d'importation et d'exportation de ce bassin, doit se trouver dans la nécessité de faire un commerce immense.

Tels sont les élémens de prospérité de la ville de Marseille, élémens qu'on ne peut ni lui enlever ni lui disputer. Si Bordeaux en possède d'équivalens, elle a raison de s'étonner et de se plaindre de sa décadence; si elle ne les possède point, elle n'est nullement fondée ni à accuser gratuitement le gouvernement de la diminution de son commerce, ni à attribuer à Marseille des bénéfices illicites. Bordeaux a donc eu tort de voir ailleurs que dans les faits que j'indique la prospérité de sa rivale du Midi, et je la place ici sur la route de la vérité; afin qu'elle ne s'égare point dans les routes incertaines des hypothèses.

Bordeaux, en tems de guerre maritime, sera le premier port commerçant du royaume, comme il l'a été jusqu'en 1814. C'est la position topographique de ce port qui lui donnera cet avantage, parce qu'étant l'attérage le plus rapproché pour tous les navires qui viennent d'outre-mer, chaque capitaine cherchera, ainsi que par le passé, à aborder le plus tôt possible ce port hospitalier, afin de diminuer, par une courte navigation, les chances de naufrage et de capture. Si le commerce du Hâvre fut nul pendant la guerre, c'est que le voisinage de l'Angleterre facilitait la présence des croisières ennemies. Le commerce de Nantes fut nul aussi pendant cette période à raison des croisières anglaises et de la difficulté de franchir facilement l'embouchure de la Loire; enfin, Marseille pendant le même tems borna forcément ses relations à la mer qui la baigne, à cause des escadres ennemies qui, en observant Toulon, forçaient les arrivages d'outre-mer à s'éloigner de la Méditerranée.

C'est donc uniquement à cause de sa position topographique que Bordeaux, pendant la guerre dernière, a fait plus de commerce qu'aucun autre port de France, et ce fait explique pourquoi, en l'an 8, Bordeaux percevait pour droits de douane........ 2,407,446 fr.
tandis que Marseille ne recevait que.. 1,697,594 »
Nantes...................... 272,627 »
et le Hâvre.................... 175,025 »
comment, en 1810, Bordeaux recevait 2,306,710 »
quand Marseille percevait (9)....... 3,287,860 »
Nantes...................... 436,748 »
et le Hâvre.................... 590,879 »

Il est malheureux, sans doute, d'annoncer à Bordeaux que l'état florissant de son commerce tient à une

(9) L'excédant des recettes de Marseille provient d'un plus grand nombre de licences accordées à ce port, et de son commerce important sur les huiles.

cause forcée, à l'état de guerre dans lequel peut se trouver la France; il est affligeant de lui faire entrevoir la renaissance de sa prospérité à travers le prisme des calamités publiques. Mais quand des écrivains éclairés se sont mépris sur la cause de la décadence du commerce de cette ville, n'est-il pas permis, n'est-il pas même convenable de chercher à rétablir la vérité des faits?

Quant aux conséquences que l'on peut tirer, tant des réclamations de la Chambre de commerce de Bordeaux que de celles des journaux de la Gironde et de la Haute-Garonne, c'est qu'effectivement Bordeaux n'est plus aujourd'hui le centre d'un commerce aussi étendu qu'avant 1792. Cette vérité est d'une telle évidence pour ceux qui ont étudié l'histoire commerciale de la France, que je considère comme superflue toute citation à ce sujet (10).

Mais tout en reconnaissant l'exactitude de ce fait, je ne puis m'empêcher de contester celle des conséquences qu'on en tire. Ainsi, Bordeaux exposant que ses relations commerciales sont considérablement tombées, dit vrai; mais Bordeaux attribuant sa décadence au gouvernement, à nos tarifs de douanes, et à d'autres causes, est dans l'erreur. La cause de sa décadence provient, comme je l'ai déjà expliqué, de ce que cette ville est assise sur un bassin moins étendu, moins

(10) Raynal, *Histoire philosophique et politique des deux Indes, tom. 7, liv.* 13, *et* 17me *tableau de l'atlas*, dit que sur 562 navires expédiés en 1775 de nos colonies pour la métropole, le port de Bordeaux en reçut à lui seul 220.

populeux et moins riche en industrie que ceux de la Seine et du Rhône, circonstance qui présente le double inconvénient de restreindre ses exportations à quelques espèces de marchandises, parmi lesquelles figurent au premier rang les vins, les eaux-de-vie, et quelques fruits secs, et de limiter ses importations aux besoins d'environ 5,348,000 habitans, tandis que les bassins de la Seine et du Rhône approvisionnent chacun une population double.

Passons à l'examen du commerce des vins de cette ville.

---

§. II. Du commerce des vins en France et dans la Gironde.

La récolte des vins en France est, après celle des grains, une des plus importantes; elle met en valeur une grande quantité de terrains qui ne peuvent convenir ni aux céréales, ni à d'autres productions; elle fournit à notre commerce une branche importante d'exportations, soit par nos vins en nature, soit par leur conversion en vinaigre ou en eau-de-vie, soit enfin par les tartres et les acétates de cuivre; et elle économise au royaume l'emploi d'une grande quantité de grains *étrangers* (11) qu'une toute autre boisson consommerait.

La quantité de terrain qu'emploie la culture de la vigne en France n'est pas déterminée assez exactement

(11) Je dis avec raison : grains *étrangers*, parce qu'il est démontré que la France ne produit point, année moyenne, la quantité de grains nécessaire à sa consommation.

pour qu'on puisse calculer d'après elle quelle est l'importance de notre récolte de vins, et, sous ce rapport, nous avons à regretter que le cadastre, commencé depuis long-tems, ne soit point achevé. D'après des calculs faits avant la révolution, la culture de la vigne employait environ............. 800,000 hectares.

Selon Chaptal, la même culture employait, en 1809...... 1,613,939 hectares.

Selon une nouvelle statistique œnologique, dressée par l'administration des contributions indirectes, en 1824, la totalité des vignes cultivées en France comprenait. 1,728,000 hectares.

Selon un tableau inséré au Journal d'agriculture des Pays-Bas, en 1831 ou 1832, et que l'on regarde comme assez exact, la superficie des vignes cultivées actuellement en France donnerait 1,977,000 hectares.

Enfin, l'Almanach de France (années 1833 et 1834), d'accord sur divers points avec la division cadastrale, donnée par le Journal d'agriculture ci-dessus, admet comme lui que nos vignobles ont une surface de........... 1,977,000 hectares.

On voit que ces bases différant entre elles, il serait imprudent de les admettre comme règle infaillible dans les calculs. La première est évidemment erronée, car si l'on admet les calculs statistiques les plus accrédités, qui donnent à la vigne un produit de 12 à 14 barriques de 225 litres par hectare, les 800,000 hectares cultivées avant la révolution n'auraient produit que 23,400,000 hectolitres, quantité bien inférieure à celle réellement récoltée.

Selon M. de Chabrol, la récolte des vignobles produisait en 1789. . . . . 37,331,400 hectol.

Selon quelques économistes, la même récolte s'élevait, en 1778, à. . . . . 701,270,000 francs.

Et, selon d'autres, elle atteignait, en 1790, la valeur de. . . 720,214,223 francs.

Comme le taux de l'évaluation qu'on donnait alors à nos vins est connue, des tableaux officiels estimant la barrique de 225 litres à 45 fr. 25 c., il est facile de connaître les quantités récoltées à ces époques: on trouve, pour 1778. . . . . 39,519,080 hectol.

Et pour 1790. . . . . 40,586,715 hectol.

Selon Chaptal, la France récoltait en 1809. . . . . 35,358,890 hectol.

qu'il divise ainsi qu'il suit:

15,858,890	hectol.	à 7 f. 50 c.	118,941,675 francs.
8,000,000	»	de 10 à 15 f.	97,000,000 »
6,000,000	»	de 20 à 30 f.	147,000,000 »
4,700,000	»	de 35 à 50 f.	196,000,000 »
800,000	»	à 200 f.	160,000,000 »
35,358,890	hectol. (12)		718,941,675 francs.

(12) Les calculs présentés par Chaptal ont pour base les états dressés par l'administration des contributions indirectes, pendant les cinq années 1804 à 1808. Ces états lui firent connaître

En consultant la statistique œnologique dressée par l'administration des contributions indirectes, en 1824, on remarque que la production de nos vins s'élevait à cette époque à.............. 35,000,000 hectol.

Enfin, selon M. Bastiat, membre du Conseil général du département des Landes, la récolte des vins s'est élevée, en 1833, à.... 47,839,368 hectol. et, dans ce calcul, M. Bastiat marche d'accord avec les recherches statistiques qui démontrent que, tandis que la population de la France s'est accrue, depuis 1789, d'un tiers, la culture de ses vignes ne s'est augmentée que d'un cinquième.

En récapitulant ce qui vient d'être dit, sur la récolte de la vigne, on a lieu de reconnaître que les tableaux officiels de Chaptal et de l'administration des contributions indirectes présentent des quantités inférieures à celles données par les économistes; c'est que ceux-ci, dans

que la France cultivait alors 1,613,939 hectares de vignes, et nous, nous trouvons, dans l'évaluation donnée par Chaptal, que la valeur moyenne du vin est de 45 fr. 74 c. par barrique de 225 litres, valeur qui diffère peu de celle de 45 fr. 25 c. admise en 1789.

leurs calculs, ont fait entrer en ligne de compte les quantités que la fraude a eu intérêt de soustraire, tandis que l'administration, travaillant avec l'exactitude rigoureuse du géomètre, n'a vu que des chiffres officiels et s'en est tenue là. Avec cette explication, il paraît rationnel d'admettre, comme à-peu-près démontré, que nos vignobles produisaient avant la révolution environ.................. 40,000,000 hectol.
et que nous récoltons maintenant à-peu-près................ 48,000,000 hectol.

Le fait que je viens d'établir va bientôt servir à reconnaître quelle est la proportion existante entre nos vins exportés et ceux récoltés.

D'après Arnoult (13), la valeur totale des vins, eaux-de-vie et vinaigres, exportés de France, s'éleva en 1716 à................. 28,690,000 francs.

Mais comme on ne connaît point la base de l'évaluation donnée à cette époque à nos vins, il est impossible d'assigner aujourd'hui la quantité que la valeur indiquée représente.

D'après le même auteur, nos

(13) Arnoult. *De la balance du commerce*, tom. 3, *tableau n° 2*.

exportations des mêmes boissons représentèrent une valeur, en 1787, de.................. 66,755,000 francs,
de laquelle retranchant la moitié pour la valeur des eaux-de-vie, il reste pour celle des vins, vinaigres et liqueurs exportés...... 33,377,500 francs,
ce qui, d'après l'évaluation de l'époque, représente une quantité de............ 1,880,941 hectol.

Ainsi à l'époque de la révolution, les vins exportés en nature, représentaient les 47 millièmes de la récolte.

Aujourd'hui, le produit de nos vignes étant évalué à environ.. 48,000,000 hectol.
nos exportations en vins, vinaigres et liqueurs s'élevant (14) à 1,117,550 hectol.
ne présentent plus que les 23 millièmes de notre récolte. Ainsi donc, en comparant le montant des exportations à celui des récoltes, on reconnaît qu'au commencement de la révolution nous exportions les 47 millièmes de notre récolte annuelle, tandis qu'aujourd'hui nous n'en exportons plus que les 23 millièmes, c'est-à-dire, environ moitié moins. Mais en comparant entre elles nos exportations actuelles avec celles d'alors, abstraction faite de ce que nous récoltons, il est évident que nos exportations se sont réduites aux 3/5 environ.

J'exposerai bientôt les causes qui, selon moi, ont

(14) Année moyenne, calculée sur les 14 années 1820 à 1833.

amené cette réduction ; pour le moment, je n'ai à m'occuper que de chiffres et de citations.

Le département de la Gironde s'étant plaint de la diminution d'exportation de ses vins ; j'ai examiné si ses plaintes étaient fondées. J'ai fouillé un peu haut dans l'histoire de la province dont a été démembré ce département, et j'ai lu dans les écrits du bénédictin Mathieu Paris, qu'en 1251, les Bordelais se seraient volontiers soustraits au pouvoir de Henri III, roi d'Angleterre, s'ils n'avaient craint de perdre le commerce de leurs vins. Ainsi, à cette époque, les vignobles fournissaient à Bordeaux l'occasion d'un commerce important.

Le chanoine Froissart, qui écrivit environ deux siècles après Paris, témoigne aussi, en plusieurs endroits, du mécontentement que les Bordelais ressentaient de la domination des Anglais (15), et, tout aussi circonstancié que Paris, il ajoute qu'après les troubles qui précipitèrent du trône d'Angleterre le roi Richard II, et lui donnèrent pour successeur le duc de Lancaster, sous le nom de Henri IV, la France fit des démarches pour réunir à elle les villes de Bordeaux, Ax et Bayonne. Les censaux de ces villes traitèrent avec le duc de Bourbon qui s'était rendu à Agen, mais les Bordelais refusèrent encore de se réunir à la France, sur le motif qu'ils perdraient le débouché de *leurs laines*, *de leurs vins et de leurs draps*.

Le même Froissart dit encore qu'en 1372, on vit

(15) FROISSART. *Histoire et chroniques de messire Jehan Froissart*, édition de Lyon. 1559, *liv.* 3, *ch.* 22, *et liv.* 4, *ch.* 115

arriver à Bordeaux *bien* 200 *voiles ou nefs de marchands qui allaient aux vins.* Or, 200 voiles ou nefs, en leur donnant une moyenne de 75 tonneaux, ce qui certes est beaucoup pour l'époque, formeraient un total de 15,000 tonneaux, qui, à raison de 4 barriques par tonneau, auraient donné lieu à l'exportation d'environ . . . . 135,000 hectol.

Et ce calcul, loin d'être rapetissé, est au contraire plus élevé que le chiffre officiel de l'époque, car un registre de la douane de Bordeaux constate qu'en l'année 1350, il s'embarqua dans cette ville, 13,429 tonneaux de vin, chargés sur 141 navires, et ayant payé 5,104 livres 16 sols de droits, monnaie bordelaise.

Les 13,429 tx. ne représentent que 120,861 hectol.

L'abbé Expilly, qui écrivait vers 1750, dit « quand « le commerce n'est pas interrompu par la guerre, il se « charge tous les ans à Bordeaux environ 100,000 tx. « de vin que l'on transporte hors du royaume (16). »

Et Peuchet, qui a copié Expilly, évalue également à 100,000 tonneaux la quantité de vin exportée annuellement par la même ville (17).

Remarquons toutefois qu'il y a erreur évidente et dans Expilly et dans son copiste Peuchet, en ce que l'un et l'autre ont confondu le tonneau avec la barrique. Le tonneau est une mesure nominale de quatre barri-

(16) L'Abbé Expilly. *Dictionnaire géographique, historique et politique des Gaules et de la France, art.* Bordeaux.

(17) J. Peuchet. *Dictionnaire universel de la géographie commerçante, art.* Bordeaux.

ques d'environ 225 litres, et confondre la barrique réellement exportée avec le tonneau, mesure de convention, c'est quadrupler la quantité bien gratuitement. En admettant cette explication, et en supposant qu'Expilly ait puisé à de bonnes sources les renseignemens qu'il a transmis, on peut établir que Bordeaux exportait, vers 1750, environ......... 225,000 hectol. quantité qui est presque le double de ses exportations en 1350.

Encore pour arriver à ce résultat, les vins qui n'appartenaient point à l'élection de Bordeaux ne pouvaient, par suite d'un traité passé entre cette ville et les États du Languedoc, en 1500, ne pouvaient, dis-je, être déposés qu'aux Chartrons, et il ne leur était permis ni d'entrer en ville, ni d'y arriver avant la Noël (18). Par ces conditions, Bordeaux s'assurait du débouché d'une grande partie de ses vins. Si ce n'est point là du privilége, cela du moins y ressemble bien!

Je n'ai aucune donnée sur laquelle je puisse établir la quantité de vin que Bordeaux exporte actuellement; mais ne pouvant calculer sur les vins de toute qualité, je me suis arrêté à ceux ordinaires, et voici ce que j'ai reconnu.

Il résulte des tableaux du commerce général de la France avec les colonies et l'étranger, publiés par l'administration des douanes, que, pendant les quatorze années 1820 à 1833, les vins ordinaires exportés par la Gironde ont atteint, année moyenne, le chiffre

(18) L'Abbé Expilly. *Ouvrage déjà cité*, *art.* Bordeaux.

de.............. 440,261 h. évalués à 23,441,410 f.
que pendant la même période, il a été exporté annuellement de France, par les autres départemens. 627,906 h. » 15,871,075 f.

Total des vins ordinaires exportés de France (19)......1,068,167 h. » 39,312,485 f.

De ces calculs, basés sur des tableaux officiels, il ressort que les exportations actuelles de vins ordinaires, par la Gironde, sont bien plus importantes qu'à nulle époque connue, et que le même département participe, en quantité, pour plus de 41 centièmes dans les exportations générales du royaume, et, en valeur, pour plus de 58 centièmes.

Il résulte encore une autre vérité qui va ressortir des chiffres ci-après, c'est que les exportations des mêmes vins par la Gironde n'ont éprouvé de diminution sensible que pendant les années 1830 et 1831, les autres années ayant presque toujours atteint ou dépassé la moyenne. En effet, voici ces chiffres :

Année 1825... 416,831 hectolitres.
» 1826... 442,178 »

(19) Indépendamment de cette quantité, il a encore été exporté en vins ordinaires en bouteilles, pendant les années 1820, 1821 et 1832, une quantité annuelle de 38,806 hectolitres, évaluée à 7,761,284 francs, dont les départemens exportateurs ne sont point indiqués sur les tableaux publiés par l'administration des douanes.

Année 1827... 488,090 hectolitres.
» 1828... 490,066 »
» 1829... 444,340 »
» 1830... 286,156 »
» 1831... 244,941 »
» 1832... 510,394 »
» 1833... 541,572 »

Je regrette de n'avoir point sous les yeux les chiffres officiels des quantités de vins de liqueurs, de vinaigres, et d'eaux-de-vie exportées par la Gironde. Il ressortirait certainement de leur examen que ce département est encore mieux partagé, sous le rapport de l'exportation des eaux-de-vie, qu'il ne l'est pour celle des vins. Essayons sans documens officiels d'aborder cet examen.

Les tableaux publiés par l'administration des douanes établissent qu'il a été exporté annuellement de France pendant les quatorze années 1820 à 1833, en eaux-de-vie de tous degrés........... 249,646 hectolitres, ce qui représente en vins (20) une quantité de................ 947,662 hectolitres.

De sorte que l'exportation des vins convertis en eau-de-vie est, comparativement à ce que nous récoltons, dans la proportion d'un peu moins de 20 millièmes qui, réunie à la quantité exportée en nature ou en vinaigre, donne les 43 millièmes de notre récolte. Ainsi, il reste

(20) Ce calcul est établi sur la base suivante : 1° qu'il faut 350 litres de vin pour 100 litres d'eau-de-vie, renfermant 59 degrés d'alcool ; 2° que sur 62 hectolitres d'eau-de-vie, il s'en exporte 45 de 59 degrés centigrades, 12 de 72 degrés, et 5 de 84 degrés et au-dessus.

démontré par 14 années d'expérience que l'exportation de nos vins, vinaigres et eaux-de-vie, pour toute la France, est à ce que nous récoltons en vins comme 43 est à 1000, c'est-à-dire, que nous exportons environ le vingt-quatrième de la récolte.

La moyenne de l'exportation des eaux-de-vie pour toute la France, prise sur les trois années 1831 à 1833, s'est élevée à.......... 200,035 hectolitres.

Marseille ne figure, dans ces exportations que pour....... 3,712 hectolitres.

Les autres ports exportateurs de cette boisson, sont: Nantes, Bordeaux, Bayonne et Cette. Pense-t-on que Bordeaux tienne un rang inférieur dans l'exportation des 196,323 hectolitres restant? Ce n'est pas présumable : à coup sûr l'Angleterre, qui exporte à elle seule près de la moitié de nos eaux-de-vie, ne va les charger ni à Cette, ni à Bayonne. Elle ne peut les prendre qu'à Bordeaux ou qu'à Nantes ; donc, Bordeaux n'a point à se plaindre de l'exportation des eaux-de-vie par son port.

Bordeaux participant dans les exportations des vins ordinaires pour 41 centièmes en quantité, et pour plus de 58 centièmes en valeur, est-elle fondée à se plaindre, et surtout à rejeter sur le gouvernement la diminution de son commerce de vins ? Je ne le pense point, puisqu'il est démontré qu'à nulle époque elle n'a autant exporté que depuis environ quatorze ans.

Après avoir exposé, autant que me l'a permis le peu de documens que j'ai sous les yeux, de quelle importance est l'exportation des vins par Bordeaux, il me reste à expliquer comment cette ville a pu s'égarer en publiant que cette branche de commerce est presque tombée pour son port.

Bordeaux, comme tous les ports de mer, a beaucoup souffert depuis la révolution jusqu'en 1814. Alors la paix fit abonder dans son port une foule de navires qui y firent de grands achats de vins, parce que les puissances chez lesquelles ils les importaient en étaient privées depuis long-tems. Les vins tenus à bas prix pendant la guerre acquirent plus de valeur dans les premières années de paix, et leur prix réagissant sur celui des vignobles, ceux-ci acquirent une valeur telle que le prix d'achat de plusieurs d'entre eux fut payé par quatre ou cinq récoltes. Ces hauts prix de terrains se maintinrent pendant trois ou quatre ans et on étendit considérablement la culture de la vigne. Mais déjà avant ce terme, les États qui sont tributaires de la France, quant aux vins, avaient ralenti leurs exportations de cette boisson, parce que s'en étant approvisionnés outre mesure, il fallut attendre que l'équilibre entre les importations et la consommation fût rétabli.

L'exportation ayant diminué, les propriétaires de vignobles demeurèrent possesseurs de terrains payés à de hauts prix, et dont la valeur n'était plus en rapport avec celle de leurs vins. Dès lors, les vignicoles, étonnés de ce nouvel état de choses, s'en plaignirent, et se méprenant sur la vraie cause qui amenait cette transition fâcheuse, ils l'ont placée dans la question des houilles et des fers. La cause ainsi déplacée, on en a tiré des conséquences fausses, parce qu'on partait de bases qui l'étaient elles-mêmes. Je vais tâcher de rétablir la vérité des faits.

La diminution d'exportation de nos vins tient à plusieurs causes qui se sont malheureusement combinées pour l'amener ; voici comment je les explique :

1° Diminution considérable de population dans nos colonies, et par conséquent dans la consommation de nos vins. Nos colonies d'Amérique, seules, en exportaient, vers 1789 (21) . . . . . 324,422 hectolitres.

Aujourd'hui, les mêmes colonies n'en consomment que (22) . 73,308 hectolitres.

L'exportation de nos eaux-de-vie pour ces mêmes colonies s'est aussi ressentie de la diminution de population. Elle était, vers 1789, de 5,065 hectolitres. tandis qu'elle ne s'élève aujourd'hui qu'à . . . . , . . . 1,940 hectolitres.

2° Extension et perfectionnement dans la culture de la vigne en Portugal, aux îles Açores et Canaries, en Sardaigne et en Sicile.

3° Habitudes prises, qui ont fait préférer à quelques consommateurs étrangers les vins d'Opporto, de Madère et de Marsala à ceux de nos bons crûs.

4° Établissemens de brasseries et de distilleries sur une vaste échelle, chez les peuples qui, avant la révo-

(21) Année moyenne prise sur 1788, 1789, 1890 et 1792. Voy. MAGNIEN, administrateur des douanes. *Commerce des Français aux colonies d'Amérique*, etc., pag. 7 et 8.

(22) Année moyenne prise sur 1832 et 1833. Voy. les *Tableaux généraux du commerce de la France*, publiés par l'administration des douanes.

lution, consommaient assez abondamment des vins de France.

5° Impôts assurés sur les produits de ces brasseries et distilleries, qui, établis ou augmentés pour faire face aux frais de la guerre qu'une coalition formidable avait allumée contre la France, étaient bons à conserver en tems de paix, pour liquider la dette arriérée; impôts que les gouvernemens étrangers eussent compromis en favorisant trop l'importation de nos vins.

Deux autres causes d'ailleurs portaient encore les gouvernemens étrangers à restreindre l'achat de nos vins, c'étaient le besoin de diminuer la sortie de leur numéraire, et le désir de protéger leurs brasseries et distilleries, qui, en employant de grandes quantités de céréales et de pommes de terre, mettent en valeur des terrains, et donnent de l'activité à l'agriculture et aux charrois.

C'est en présence de ces faits que Bordeaux, ainsi que tous nos autres pays vignicoles, s'est trouvée placée quand la paix est venue rendre le calme à l'Europe; et Bordeaux, qui a moins souffert de ce nouvel état de choses que la Loire-Inférieure, le Bas-Languedoc et la Provence, parce que ses vins plus fins, et destinés à la table du riche, ont pu supporter à l'étranger des droits plus élevés, Bordeaux, dis-je, est cependant la ville qui, en jetant le cri d'alarme, a réuni à elle plusieurs départemens vignicoles.

Est-ce la faute du gouvernement si toutes ces combinaisons se sont réunies pour diminuer nos exportations? Doit-on lui reprocher que plus d'aisance et plus d'instruction répandues parmi les masses les aient rendues plus sobres? Est-ce encore la faute du gouvernement si des sociétés de tempérance prêchent, dans le nord de l'Europe et du Nouveau-Monde, la sobriété? Si, sur les navires, des équipages entiers, et, à terre, des peuplades nombreuses, se font gloire d'avoir renoncé aux boissons spiritueuses? Puisqu'on ne peut adresser ces reproches au gouvernement, on aurait donc tort de rejeter sur lui toutes les causes qui ont contribué à réduire nos exportations de vins.

J'ai démontré que la Gironde est moins mal partagée, dans l'exportation de ses vins, qu'on ne pourrait le croire d'après les plaintes des vignicoles de ce département, et de ceux du Gers, des Basses-Pyrénées et de la Haute-Garonne. Ce que j'ai avancé à cet égard n'a rien d'hypothétique, puisque tout repose sur des chiffres ou authentiques ou officiels. J'ai expliqué aussi comment Bordeaux s'était méprise sur la cause qui, après les premières années de paix, fit diminuer ses exportations de vins, et j'ai indiqué les circonstances qui, selon moi, ont amené cette transition. Il me reste maintenant à examiner les moyens que Bordeaux propose pour relever ses vignobles de l'état de langueur dans lequel elle les prétend tombés. J'aborde cet examen.

Le département de la Gironde, complètement privé de métaux et de houille, ne possède pour chauffage que du bois et de la tourbe; sa récolte en céréales suffit tout juste à ses besoins; son sol est d'une fertilité très-inégale, et ses produits bruts se réduisent à des troupeaux, des fruits secs, des forêts résineuses et des vins. Ce dernier article surtout est la principale ou, pour mieux dire, la vraie richesse du département, tant à cause de son abondance que de la qualité que leur donnent certains clos, et qui les fait rechercher et payer à de très-hauts prix. Bordeaux a donc dû s'occuper de tout tems du soin d'étendre la culture de ses vignobles, d'en accroître et soigner les produits, et d'en augmenter les débouchés. Presque toutes ses vues se sont portées sur cet objet, et ce sentiment est très-naturel.

La culture de la vigne s'étant accrue depuis la paix et à cause d'elle, et les terrains qui conviennent à cette culture ayant acquis une valeur hors de proportion avec celle des récoltes, les propriétaires, étonnés de ne point trouver un débouché qui répondit aux espérances qu'ils avaient conçues dans les premières années de paix, tournèrent leurs vues vers l'Angleterre qui, de tout tems, leur a acheté leurs vins de luxe. Ils s'imaginèrent que si l'on abaissait nos droits de douane, surtout sur les fers et les houilles, l'Angleterre pourrait, en retour, diminuer les droits sur nos vins, et que, de ces concessions mutuelles, il résulterait un grand bien pour les deux pays. Nul doute que de telles concessions seraient très-avantageuses au département de la Gironde; mais ce bien serait-il constant ou momentané, et l'avantage qu'en retirerait Bordeaux compenserait-il les pertes qu'éprouveraient les autres parties de la France? Telle est la question que soulève le moyen proposé par Bordeaux.

Certainement, il serait fort heureux pour les deux royaumes qu'un abaissement réciproque de tarifs pût amener un accroissement d'échanges, tel que l'une des deux puissances n'eût pas à regretter l'adoption d'une telle mesure. Cet accroissement donnerait nécessairement à notre commerce et à nos transports une activité nouvelle. Mais qu'aurions-nous à gagner dans ces concessions, faites par les deux puissances le plus industrielles du monde, et qui cherchent mutuellement et principalement à se débarrasser de leurs produits manufacturés? Serait-ce de favoriser quelques départemens vignicoles aux dépens de nos mines, autre source de richesses? Serait-ce d'enrichir le royaume de quelques millions de plus, provenant d'un accroissement d'exportation de vins, et de l'appauvrir d'une valeur au moins décuple par une importation faite aux dépens des similaires que nous produisons, sans doute à un plus haut prix, mais qui mettent en valeur chez nous des capitaux immenses, répartis parmi la classe ouvrière; et, si cette classe ouvrière, nombreuse autant qu'intéressante, reste sans ouvrage, par l'admission des produits bruts étrangers que notre sol et nos mines fournissent, ou par l'importation des articles manufacturés similaires aux nôtres, à qui les propriétaires feront-ils consommer les 957 millièmes de leurs vins non exportés? Ne sait-on pas qu'en tarissant la source du travail, on tarit celle de la consommation?

L'Angleterre sera très-certainement disposée à réduire les droits sur nos vins, si nous lui faisons des concessions dans lesquelles elle trouve un avantage bien réel. Mais si nous réduisons les droits sur les fers et les houilles de manière à lui acheter dix millions de ces matières, est-il certain qu'elle nous achètera dix millions de plus de vins ou de spiritueux? Si le taux auquel on tablera le droit sur les fers et les houilles est assez bas pour laisser à l'Angleterre une concurrence avantageuse sur les nôtres, n'est-il pas à craindre que dans un espace de tems très-borné, elle inonde pour plusieurs années la France de ces articles? Aurons-nous plusieurs récoltes d'avance pour lui vendre des vins dans une quantité qui balance le tort qu'en recevront nos mines? En supposant que nous eussions plusieurs récoltes à lui vendre, n'est-il pas évident qu'on ne pourrait forcer la consommation, et que nos vins resteraient invendus? D'ailleurs, en supposant que cela fût possible, qu'aurait gagné le royaume à cet arrangement? Rien; il aurait seulement déplacé des bénéfices. L'ouvrier dans les mines resterait sans ouvrage, le cultivateur vignicole n'aurait pas sa journée augmentée de grand chose, et les bénéfices du propriétaire qui, seul, profiterait de ce nouvel état de choses, ne balanceraient nullement les pertes qu'éprouveraient les mines.

De plus, à quelque taux que l'Angleterre réduise les droits d'entrée sur les vins, elle ne les mettra jamais assez bas pour que cette boisson devienne d'une consommation générale chez elle. Elle n'a aucun intérêt à compromettre la perception de plus de 350 millions d'impôts, qu'elle retire de l'excise (23), sur lesquels

(23) Les droits d'excise se sont élevés, en 1831, non compris les vins, à........................ 271,091,000 francs.
Plus, pour autres articles de l'excise.. 83,600,000 »

Total............ 354,691,000 francs.

la bière seule acquitte 150 millions, tandis qu'en France l'impôt sur les boissons de toute nature ne s'élève qu'à environ 70 millions. Pense-t-on que l'Angleterre soit assez insensée pour mettre à la portée du peuple une boisson étrangère, qui compromettrait les 150 millions qu'elle perçoit seulement sur la bière ? Ce n'est point présumable.

Bordeaux s'est imaginée qu'une réduction de droits accroîtrait le débouché de ses vins ; elle a raisonné juste. Mais si elle a prétendu que les exportations augmenteraient dans une proportion inverse de la quotité des droits, elle s'est trompée, parce que ses vins fins n'étant recherchés que pour la table du riche n'auront qu'une consommation limitée, qui ne s'accroîtra point en raison de la diminution des droits.

Quant aux nouveaux droits que l'Angleterre pourrait établir sur cette boisson, la réduction opérée ne pourrait profiter qu'à Bordeaux ; car les vins de Provence et du Bas-Languedoc ne pourront être importés en Angleterre qu'autant que les droits seraient considérablement réduits. En effet, lorsque les vins de ces deux provinces ne valent que de 7 fr. 50 c. à 15 fr. l'hectolitre, peut-on penser qu'ils puissent supporter sans préjudice un frêt de 90 fr. par tonneau qui double déjà leur valeur, et acquitter en outre un droit d'entrée quintuple ou décuple de leur valeur (24)? Une telle

(24) Les vins, autres que ceux du cap de Bonne-Espérance, paient en Angleterre 5 schell. 6 den. par galon, par suite de modifications apportées au tarif des douanes, dans la session du parlement de 1830 à 1831. Ce droit, qui correspond à 200 fr.

supposition est inadmissible, et c'est ce qui arriverait cependant si la Provence et le Bas-Languedoc voulaient expédier leurs vins en Angleterre. Cette vérité a été parfaitement comprise par M. John Bowring, lors de son passage à Marseille, en septembre dernier. On lui représenta que si l'Angleterre consentait à imposer les vins *ad valorem* au lieu de les taxer à la contenance, on pourrait peut-être consentir à poser les bases d'un arrangement. M. Bowring répondit fort prudemment qu'il ne pouvait rien préjuger sur ce que déciderait le parlement, et les choses en restèrent là.

Exposition de l'esprit des tarifs de douanes en France.

Dans mes réponses aux questions que M. le Maître des requêtes, Directeur de l'administration des douanes, adressa aux employés de son administration, le 17 septembre 1833, à l'effet de connaître les diverses améliorations qu'on pourrait apporter en faveur du commerce, à notre tarif, à nos entrepôts, etc., j'adressai quelques réflexions sur l'esprit des tarifs des douanes de France depuis plus d'un siècle et demi. Mes réponses furent écrites à la hâte, j'avais peu de tems à

96 cent. par hectolitre, est prohibitif pour tous les vins communs dont il représente vingt fois la valeur.

donner aux choses prises en dehors de mon service, et la session législative de 1834 allait s'ouvrir. Ces causes expliqueraient pourquoi je ne donnai point à mes réponses tout le développement qu'aurait exigé l'examen d'un système aussi compliqué que celui suivi en France sous la ferme générale jusqu'à la révolution, si d'ailleurs je n'avais compris qu'il était assez inutile de chercher à expliquer un mode de perception qui ne reviendra plus. Ce que j'en ai dit étant suffisant pour lier ce qui est antérieur à 1791 à ce qui s'est écoulé depuis lors, je ne donnerai guères plus de développement à mes observations.

De toutes les législations la plus variable est celle qui s'applique aux tarifs de douane, car c'est celle à laquelle il est le moins possible de donner de la fixité. L'abondance ou la disette des récoltes, l'affluence ou la rareté d'une marchandise sur les marchés étrangers ou nationaux, le développement toujours croissant de l'industrie et de la population, les découvertes nouvelles de la chimie, les mesures de représailles de gouvernement à gouvernement, et les besoins de l'État surtout, sont autant de causes qui viennent influer sur les échanges et motiver de nouveaux droits.

Cependant, malgré la nécessité de mettre constamment en harmonie les tarifs de douane avec les besoins de l'industrie agricole et manufacturière, la France n'a eu, depuis plus d'un siècle et demi, que trois tarifs publiés en 1664, 1791 et 1816; car on ne doit point considérer comme régissant la France, les tarifs particuliers de la douane de Lyon, du 27 novembre 1632, ni celui de la douane de Valence, des 14 décembre 1651 et 15 janvier 1659, ni celui du 13 juin 1671, qui ne s'appliquait qu'aux provinces de Flandres et du Hainault, ni enfin cette foule d'édits, arrêts et déclarations publiés sous le règne de Louis XIV, et qui n'étaient que des modifications de ces tarifs ou de celui de 1664.

Il est vrai que les tarifs de 1664 et 1791 ont été étrangement modifiés; mais à travers toutes les tortures que leur ont fait subir les besoins du commerce, les exigeances du fisc, l'intérêt des grands propriétaires, et souvent les fausses mesures des gouvernans, on reconnaît encore le but que s'étaient proposé leurs auteurs. L'économiste éclairé qui les étudie avec attention peut facilement reconnaître quel était, à l'époque de leur publication, l'état de notre industrie et de notre commerce.

A l'époque où Colbert succéda à Fouquet dans la charge de contrôleur-général des finances, le commerce était soumis, tant à l'entrée qu'à la sortie du royaume et des provinces réputées étrangères, au paiement d'un grand nombre de droits divers qui le gênaient. Colbert conçut l'idée de réunir tous ces droits en un seul et de les réduire lorsqu'ils seraient jugés trop élevés. Il fut plus loin, il chercha à réaliser les vœux exprimés à différentes époques par les assemblées des États-généraux, et renouvelés depuis par Turgot, de porter tous les bureaux de douanes sur l'extrême frontière; projet sublime, dont l'exécution eût avancé d'un demi-siècle au moins les progrès de la France! Mais ce projet contrariant trop d'intérêts puissans ne put être réalisé, et le tarif du 18 septembre 1664, qui avait été créé dans le double but de simplifier la perception et de n'être exécuté qu'aux frontières du royaume, changea de destination en ne régissant qu'une partie de la France; mais la plus grande partie.

Ce tarif, dressé par les soins de Colbert, comme je l'ai déjà dit, fut préparé dans des conférences où assistaient, avec le Ministre, trois négocians du royaume, choisis parmi des députés que chaque port et ville de commerce avait désignés : les résolutions prises étaient de nouveau examinées dans un *Conseil du commerce* que le roi présidait, et dans lequel une détermination définitive était arrêtée. Les bases proposées par Colbert furent :

« De réduire les droits, à la sortie, sur les denrées « et sur les manufactures du royaume ;

« Diminuer, aux entrées, les droits sur tout ce qui « sert aux fabriques ;

« Repousser, par l'élévation des droits, les produits des manufactures étrangères (25). »

Il en fut des bases de ce tarif comme d'une infinité d'autres plans qu'on adopte, mais qu'on n'exécute point strictement. Les produits manufacturés étrangers qu'on devait repousser, par l'élévation des droits, ne furent point taxés au delà de 5 pour °/₀ de leur valeur (26), et il n'y eut point de prohibitions établies. Quant au

(25) Colbert. *Mémoire au Roi.*

(26) Le tarif des douanes de Lyon avait été établi à raison de

projet de réduire les droits de sortie sur les denrées et les manufactures du royaume, il fut abandonné à cause de certains préjugés du siècle dont Colbert ne fut pas exempt, et c'est, parmi le petit nombre de reproches qu'on peut adresser à ce Ministre, un de ceux qui l'atteignent. Les principaux de ces préjugés reposaient sur l'erreur où l'on était que l'étranger ne pouvait se passer de la France, et sur la nécessité de surveiller le commerce des grains; et la sollicitude que le gouvernement apporta à cette denrée première fut telle, que sa circulation à l'intérieur et que son exportation à l'étranger étaient contrariées à chaque instant. De ces erreurs naquirent l'établissement de droits élevés sur nos denrées et certains produits manufacturés(27), ce qui arrêta les progrès de l'agriculture, tarit la source des impôts et retarda le développement de certaines industries, parce qu'on n'avait pas compris que l'étranger

2 1/2 pr % pour les marchandises nationales, et de 5 pr % sur celles étrangères.

(27) Voici quelques-uns des droits de sortie que comprenait ce tarif, et si l'on compare la valeur de l'argent en 1664 à celle qu'il a aujourd'hui, on sera bien mieux convaincu de l'élévation des droits à la première époque.

Avoine..............	13 l.	15 s.	le muid de Paris	(833 1/3 litres.)
Blé froment et méteil..........	22	»	idem.	idem.
Légumes..........	12	»	idem.	idem.
Eau-de-vie........	3	»	la barrique.	
Vins..............	12	»	le tonneau	(804 litres.)
Bas de soie........	»	12	la livre.	
Bonnets et chaussons de laine......	3	»	les 100 livres.	

achète de manière à déduire sur les prix d'achat une valeur équivalente à celle que le fisc doit exiger de lui pour l'acquittement des droits.

De nombreuses modifications furent apportées au tarif de 1664. La première résulta d'une déclaration du 18 avril 1667 qui augmenta, dans l'intérêt de nos manufactures, les droits sur la bonneterie, la draperie, le fer blanc, les glaces, les peaux préparées, les tapis, et sur beaucoup d'autres articles fabriqués; mais qui n'établit aucune prohibition à l'entrée. Puis vinrent une multitude d'arrêts que nécessitèrent le caractère belliqueux de Louis XIV, qui de 1667 à 1715 eut sur 19 années de paix, 29 années de guerre dans lesquelles la France perdit 1200 mille hommes et 1500 millions. Ajoutons que les prétentions de l'Angleterre et de la Hollande à obtenir des faveurs pour leur marine et leur commerce; que le développement de l'industrie, tant chez nous qu'à l'étranger, et que la dilapidation de nos finances, occasionée par les prodigalités de Louis XV, furent autant de causes qui modifièrent nos droits de douanes. Ce tarif de 1664, avec les nombreux changemens qu'il éprouva, a régi le commerce français jusqu'à l'assemblée nationale.

Les 30 et 31 octobre 1790, cette assemblée, en décrétant la suppression des douanes de l'intérieur et en ordonnant leur translation aux frontières du royaume, supprima les nombreux droits perçus dans diverses

Bottes neuves...........	3 l. 10 s.	la douzaine.
Camelots, baracans, etc.	7 »	les 100 livres.

provinces, sous des dénominations aussi ridicules que variées.

Le 1er décembre suivant, la même assemblée, voulant fixer les bases d'après lesquelles serait réglé un nouveau tarif des douanes, décréta :

1° Qu'on écarterait, par une prohibition absolue, quelques-unes des productions et des marchandises étrangères ;

2° Qu'on convertirait en droits qui n'excèderaient pas le 20 pour °/₀ quelques-unes des productions et des marchandises étrangères dont l'entrée dans le royaume avait été défendue jusqu'alors, ou toutes autres qu'on ne croirait pas devoir permettre en franchise ou écarter par une prohibition absolue.

Ces dispositions reçurent quelques changemens dans l'exécution. M. Magnien (28), dont l'influence pesait fortement sur le comité d'agriculture et de commerce, fit prévaloir ses idées dans la rédaction de ce tarif qui fut dressé dans ce sens :

1° Affranchissement total des droits d'entrée sur les

(28) M. Magnien, premier commis à la direction des douanes de Lyon, fut rayé des cadres de la ferme générale pour avoir publié, sans l'agrément des fermiers généraux, son tarif des droits d'entrée et de sortie des 5 grosses fermes, et le recueil des édits, arrêts et règlemens postérieurs au tarif de 1664 ; ouvrages dont la publication contrariait leurs vues. La révolution trouva M. Magnien déplacé, et ayant sur le cœur une question d'équité et d'amour propre à vider avec la ferme. Les projets de réforme qu'elle annonçait lui sourirent, il devint un des membres les plus zélés du comité d'agriculture et de commerce, et la France lui doit, en grande partie, son tarif de 1791 et la loi du 22 août suivant, basée sur l'ordonnance de 1687.

matières alimentaires et sur les matières premières nécessaires à nos manufactures ;

2° Droits croissans en raison inverse du degré d'utilité de certaines marchandises ;

3° Droits plus élevés, ne dépassant point 25 p^r % sur les objets de luxe ou de fantaisie ;

4° Prohibitions très-restreintes sur quelques ouvrages qui rivalisaient avec les nôtres ;

5° Enfin, un droit de 10 p^r % sur les épiceries non dénommées.

Ce tarif sanctionné, le 15 mars 1791, fut complété par la loi du 22 août suivant qui établit (titre 1er art. 5) pour les marchandises omises ayant reçu une main-d'œuvre quelconque, un droit de....... 10 p^r %.

Pour les drogueries................. 5 p^r %.

Pour tous autres objets.............. 3 p^r %.

Il ne devait rien être perçu sur les marchandises omises au tarif de sortie.

J'aurai plus tard l'occasion de revenir sur les dispositions concernant les marchandises non tarifées nominativement.

Ce tarif de 1791 a été controversé avec quelque raison. Dressé par ordre alphabétique, on examina les marchandises une à une, et on leur appliqua le droit qui, alors, paraissait leur convenir. Si l'on avait eu l'attention de grouper ensemble les produits qui avaient quelque analogie ou par leur origine ou par leur emploi, on aurait évité certaines erreurs. De ce défaut de précautions, il résulta que des marchandises ayant la même origine, la même destination et à-peu-près la même valeur, furent soumises à des droits différens (29) ; que d'autres imposées à un droit, sous telle dénomination, furent différemment imposées sous une autre dénomination (30); enfin, on lui reproche encore quelques assimilations vicieuses (31).

A part ces disparates, ce tarif paraissait bon ; il convenait à l'époque, et il est présumable qu'on ne l'avait lancé que comme un tarif d'essai auquel on appliquerait plus tard les modifications qu'on jugerait nécessaires ; car, il était moralement impossible que les législateurs d'alors pussent apprécier toute l'influence qu'exercerait sur notre commerce intérieur et extérieur la translation de nos douanes intérieures aux frontières du royaume; qu'ils jugeassent si l'organisation des nouvelles lignes et du personnel des douanes, telle qu'elle eut lieu dans le principe, protégerait suffisamment notre commerce ; qu'ils calculassent l'effet que produirait sur notre industrie la ré-

(29) Les gommes, les résines, les espèces végéto-médicinales, et beaucoup d'autres articles, viennent à l'appui de ce que j'avance.

(30) L'acide sulfurique, sous la dénomination d'*esprit de soufre*, était soumis à un droit différent de celui qui l'affectait sous le nom d'*huile de soufre*. Les huiles de citron et de bergamotte, présentées sous les noms d'*essence* et d'*huile*, devaient des droits différens, et l'huile de rose, sous le nom d'*essence*, acquittait un droit presque 100 fois plus élevé que sous celui d'*huile*. Le sulfate de cuivre, sous le nom de *vitriol de Chipres*, devait un droit de moitié de celui qui le frappait sous le nom de *vitriol bleu*.

(31) L'huile de lavande devait le double de celle d'aspic. L'huile de jasmin, qui est une huile d'infusion, payait comme celle de rose qu'on n'obtient que par distillation.

vocation du fatal traité de 1786; et, surtout, qu'ils soupçonnassent le rôle important qu'allaient jouer la chimie et l'application de la vapeur comme force motrice.

Il fallait nécessairement plusieurs années pour juger de l'effet de ce tarif, et s'assurer s'il était en harmonie avec la législation et l'état des choses d'alors. La révolution n'en laissa pas le tems; elle ne permit point de juger de l'effet qu'aurait produit ce tarif en tems ordinaire; les maux de toute espèce qu'elle alluma, tant au dedans qu'au dehors de la France, compliquèrent la position malheureuse du commerce. Cependant, à travers tant de désordres, de crimes, de victoires, de revers et de perfidies, quelques actes du gouvernement apparurent, et vinrent prouver qu'il s'occupait de la prospérité de l'État.

Parmi plusieurs actes législatifs, d'un médiocre intérêt ou de circonstance, on en remarque quelques-uns de vigoureux dans leurs dispositions et d'importans par les conséquences qui en sont résultées. On distingue :

1° Un décret du 1er mars 1793 qui annulla tous les traités d'alliance et de commerce passés entre la France et les puissances avec lesquelles elle était en guerre : décret qui abrogea le désastreux traité de 1786, et qui prohiba l'entrée d'un grand nombre de tissus, de divers ouvrages en métal, et de la faïence dite terre de grès d'Angleterre;

2° L'acte de navigation du 21 septembre 1793, interdisant le cabotage aux navires étrangers : disposition bien plus énergique que celle ordonnée sous

Sully, puis renouvelée sous Colbert, qui se bornait à établir un droit de frêt sur les navires étrangers ;

3° Un décret du 29 septembre 1793, rendu dans le double but de prohiber la sortie des denrées et marchandises de première nécessité, et de soumettre au maximum celles dont il donnait la nomenclature (32) ;

4° La loi du 19 thermidor an 4, qui maintint les nombreuses prohibitions de sortie précédemment prononcées par divers décrets, et qui établit des droits de sortie à l'égard de plusieurs autres ;

5° La fameuse loi du 10 brumaire an 5, basée aussi en partie sur divers décrets antérieurs : loi toute de politique et de protection, qui a exercé la plus grande influence sur notre industrie, et dont la moindre des conséquences a été d'amener aujourd'hui des enquêtes qui épouvantent tous les intérêts. J'aurai l'occasion de revenir sur les dispositions de cette loi et d'examiner si elles n'amenèrent point le système du blocus continental.

6° Enfin, la loi du 24 nivôse an 5, qui soumit à un droit, dit de *balance de commerce*, tous les articles qui jusque là avaient été importés, exportés, ou réexportés en franchise : disposition très-sage qui a fait obtenir de bons élémens pour la confection de nos états de balance de commerce.

Jusqu'au décret du 17 pluviôse an 13, les législateurs

(32) L'art. 1er de cet arrêté comprenait environ 40 articles frappés de prohibition : il n'a point été inséré dans la collection de Lille.

ne s'étaient jamais écartés de l'esprit qui dicta le tarif de 1791. On découvre dans tous leurs actes une tendance constante à tenir au plus bas prix possible les matières premières, et la même tendance à repousser par des droits élevés ou par des prohibitions, l'importation des produits fabriqués.

Ce n'est qu'à partir de ce décret, sanctionné par la loi du 30 avril 1806, que les vues de fiscalité dominent notre tarif, et ces vues décelaient les besoins de l'État.

Un coup d'œil rapide sur la situation politique et commerciale de la France va expliquer les causes qui obligèrent le gouvernement à s'écarter des bases établies en 1791.

Notre marine militaire, compromise à Aboukir par la confiance aveugle de l'amiral Brueix, livra la Méditerranée aux Anglais. Nous perdîmes nos relations directes avec tous les États dits du Levant, et le peu de commerce que nous conservâmes avec eux, ne put se faire que par des navires neutres qui sont restés en possession, depuis lors, d'une partie du même commerce.

A ce revers, dont les suites nous furent si funestes, vint s'en joindre un autre bien plus désastreux. L'inexplicable conduite de l'amiral Villeneuve qui s'enferma dans Cadix au lieu de se rendre à Brest, comme il en avait reçu l'ordre, fit manquer l'expédition contre l'Angleterre, que l'Empereur préparait depuis 3 ans, et plus de 100 millions dépensés pour la flotille de l'ouest, le furent en pure perte. Du camp même de Boulogne, l'Empereur dut renoncer à la descente en Angleterre, et s'acheminer vers l'Allemagne où des succès brillans l'attendaient. Ce fut au milieu même de ces succès, et peu de jours avant la bataille d'Austerlitz, qu'il apprit les revers de Trafalgar : il comprit dès-lors, qu'il fallait renoncer à l'empire des mers, et laisser les Anglais maîtres de l'Océan, comme ils l'étaient déjà de la Méditerranée.

Dès ce moment, les esprits éclairés jugèrent que nos colonies, livrées à leurs propres forces, et sans point d'appui sur la métropole, ne tarderaient pas à devenir la proie des Anglais ; que nous serions tributaires de l'étranger pour une infinité de produits, mais notamment pour ceux des deux Indes ; qu'enfin, notre commerce d'exportation serait anéanti : ils jugèrent sainement.

On ne tarda pas, en effet, à voir nos principaux ports bloqués par des voiles ennemies, et tous nos attérages surveillés par des croisières. Alors la France, livrée à ses propres ressources, fit des efforts inouïs pour sortir de l'état d'abaissement où était tombé son commerce ; alors des machines s'élevèrent de toutes parts ; alors l'agriculture chercha à améliorer les récoltes connues, et à nous enrichir de nouveaux produits ; l'industrie se multiplia sur tous les points, et s'attacha à une infinité d'objets ; l'agriculture, les arts mécaniques, et la chimie surtout, concoururent tous au même but, et se prêtèrent un mutuel appui. Ce fut le point de départ d'un élan qui ne s'arrêta pas même en 1814, et dont les résultats excitèrent l'étonnement et l'admiration des premiers Anglais qui vinrent visiter la France, après la chute du gouvernement impérial.

Pendant que notre industrie se développait, à l'ombre de prohibitions tutélaires, et que notre commerce intérieur prenait une activité nouvelle, le feu de la guerre étendait ses ravages en Europe; l'Angleterre voyait ses flottes silloner librement les mers dans tous les sens; la Prusse, la Russie, l'Autriche étaient constamment sous les armes, ou ne les posaient que par suite de trèves fallacieuses qu'on décorait du nom de traités de paix; l'Espagne et le Portugal, semblables à un ulcère rongeur, dévoraient nos valeureuses légions que l'armée d'Allemagne leur expédiait en poste; telle était alors la position militaire de la France, et le besoin des trois choses nécessaires pour faire la guerre se faisait vivement sentir.

Pour faire face aux besoins énormes et urgens de l'État, on créa l'impôt sur le sel, destiné à remplacer la taxe des barrières dont les frais de perception dévoraient une grande partie du revenu; on élargit considérablement la base sur laquelle avait été créée l'administration des droits-réunis; cette administration, chargée de percevoir des droits sur les distilleries, les brasseries, et toutes les boissons spiritueuses, s'empara encore des voitures publiques, des cartes à jouer, et des canaux de navigation; des droits de patente, de fabrication et de débit atteignirent le tabac qui, à partir de 1810, fut fabriqué et débité par le gouvernement; l'administration de la loterie, rétablie en l'an 6 ou en l'an 7, augmenta le nombre de ses roues, etc., etc.

L'administration des douanes fut appelée, comme les autres branches financières, à fournir son contingent de ressources. Elle avait aussi une corne d'abondance qu'on pouvait utiliser, et on ne l'oublia point. Le décret du 8 février 1810, le plus important de ceux qui parurent après le décret du 17 pluviôse an 13, doubla les droits d'entrée sur tous les produits originaires des deux Indes, ce qui atteignit près des 3/4 des articles compris au tarif des douanes, et, surtout, les denrées coloniales et les épiceries. Ce décret fut le prélude de ceux qui parurent les 5 août et 12 septembre de la même année, et qui augmentèrent outre mesure les droits d'entrée sur les principales matières nécessaires à nos fabriques, et sur d'autres d'une grande consommation. Cependant, il faut l'avouer, malgré les besoins du trésor, on respecta les laines, le lin et le chanvre.

A ces mesures, toutes de fiscalité, s'en joignirent encore d'autres. On peut citer la création des licences sous l'égide desquelles nos armateurs allaient charger en pays étranger. L'obtention de cette sorte de sauf-conduit, soumise dans le principe à un droit de 20 francs par tonneau, fut assujettie par la suite à un droit fixe de 1000 francs par licence, puis à l'acquittement d'une somme qui varia entre 5 et 20 mille francs par navire.

D'autres dispositions concernant le commerce furent ajoutées à l'invention des licences. Le gouvernement détermina dans quelle proportion le navire porteur de ce titre composerait sa cargaison d'importation, régla que l'armateur exporterait une contre valeur égale à la cargaison d'entrée; et la proportion dans laquelle les marchandises formant la contre valeur devaient être embarquées était aussi arrêtée par le gouvernement: de sorte que celui-ci réglait ainsi à l'avance le prix de la licence sur les bénéfices présumés que l'armateur pourrait faire.

Mais ce pauvre armateur, placé sous la verge du pouvoir, était-il exempt de toute inquiétude, après avoir payé le prix de sa licence ? Non. D'abord un ordre positif lui imposait l'obligation de mettre en consommation une partie de sa cargaison, et cette partie lui était désignée ; puis les termes et les conditions de sa licence étant sacramentels, il lui était impossible de s'en écarter sans s'exposer à perdre son capital. C'est ce qui arriva à Marseille où un négociant fort respectable, n'ayant pu charger à Tunis des cotons dans la proportion que déterminait sa licence, prit, avec l'autorisation consulaire, d'autres marchandises en compensation de la partie de coton qu'il n'avait pu se procurer ; et, malgré la force majeure, malgré le certificat d'origine délivré par le consul, qui attestait ces faits, le gouvernement inflexible prononça la confiscation du navire et de la cargaison. Le négociant présenta son bilan, abandonna tout à ses créanciers, et ceux-ci, pénétrés de sa loyauté, lui assurèrent une modique pension viagère de 1200 francs, à l'aide de laquelle il est mort octogénaire.

Pendant que le système des licences pesait sur les importations faites par mer, la Hollande, réunie à l'Empire, voyait la plupart de ses produits d'outre-mer soumis à un impôt de 50 p.^{r} °/$_{0}$ de la valeur (33), pour être

(33) Décret impérial, 21 juin 1810.

naturalisés sur le sol batave. Il eût semblé que cet impôt devait tout terminer ; il n'en fut pas ainsi : les mêmes marchandises, importées plus tard par Anvers ou par les bureaux qui bordaient l'Escaut et le Rhin, furent soumises aux droits du tarif français.

Nos navires armés en course n'étaient guères traités plus favorablement que ceux pourvus de licences. Il semble qu'un gouvernement établi par la force, qui n'existait que par elle, et qui voulait vaincre à tout prix l'Angleterre, eût dû chercher à protéger son pavillon, en encourageant les armemens en course : il n'en fit rien. L'armateur qui exposait sa fortune et l'équipage qui versait son sang ne recevaient aucune protection efficace de notre législation. Les marchandises prohibées à l'entrée restaient sous le poids de la prohibition, quoique provenant de prises, et celles tarifées ne jouissaient d'aucune modération de droits. Les marchandises prohibées étaient séquestrées par le gouvernement qui en faisait faire l'estimation sur les prix de facture à l'étranger. Mais comme ces estimations étaient très-longues à régler, rarement avant un an, le gouvernement payait-il la valeur desdites marchandises. Quant à celles-ci, elles étaient brûlées ou mises autrement hors de service avec un appareil imposant qui ne recevait pas toujours l'approbation des masses. Cette faible parodie de ce qui se passa sous la minorité de Louis XV, rappela aux gens instruits tous les édits de la régence qui prononçaient de fortes amendes contre les fraudeurs et contrebandiers, et les menaçaient toujours du fouet, du carcan, des galères et des supplices.

A la vérité, notre législation pénale n'était pas aussi sévère que celle que je viens de rappeler, mais comme les mêmes causes amènent toujours les mêmes résultats, il est présumable que nos cours prévôtales ne seraient guère restées en arrière de leurs sœurs aînées, les chambres ardentes. J'ai vu à Marseille un arrêt condamnant, à 5 ans de fers, un nommé Vitalis, dont tout le crime consistait à avoir surchargé la date d'un passavant relatif à un sac de sel.

Pour terminer le tableau de notre état commercial, il me reste à parler du blocus continental. Trois décrets rendus du 21 novembre 1806 au 17 décembre 1807, plus connus sous les désignations de décrets de Berlin et de Milan, où ils furent promulgués, défendaient de correspondre, de communiquer et de commercer avec l'Angleterre. Le dernier, plus explicite, déclarait les îles Britanniques en état de blocus, et ordonnait la saisie de tout bâtiment qui aurait souffert la visite des vaisseaux anglais. L'Angleterre répondit à ces décrets en bloquant elle-même nos ports, en creusant en Espagne les tombeaux de nos meilleures légions, en armant de nouveau l'Europe contre nous, et en renversant le colosse à la tête d'or.

Loin de moi l'idée de chercher à effeuiller le laurier qui ceignit le front de l'homme dont je retrace le système commercial. Lorsque je réfléchis sur les conséquences qui furent la suite de ce système, je ne reconnais point, dans son auteur, le héros qui arracha la France aux mains du Directoire; sa gloire s'éclipse, et je ne retrouve plus celui qui brisa la hache révolutionnaire, qui assura les routes, comprima les factions, dispersa les délateurs, releva le moral de l'armée, r'ouvrit les temples, et encouragea les beaux-arts. J'oublierais presque que sous son règne, la magistrature respectée fit observer les lois, que le clergé renfermé dans sa mission fut considéré, que les finances se rétablirent, et qu'avec elles se releva le crédit national; qu'il créa une armée forte de discipline avec laquelle il soumit plusieurs fois l'Europe coalisée; qu'il nous a dotés de codes qu'il discuta lui-même: j'oublierais, enfin, tous ce que nous lui devons de beau, d'utile et de grand, si l'immense et brillante auréole de gloire qu'il jeta sur la France ne se présentait à mes yeux.

Avant d'examiner ce qu'on devait attendre du système du blocus continental, revenons un instant en arrière, et voyons les causes qui, selon moi, l'amenèrent.

Il est un principe, admis chez toutes les puissances qui ont une marine, c'est qu'en tems de guerre, le pavillon couvre la marchandise, ou, en d'autres termes, c'est qu'en tems de guerre la marchandise chargée sur un navire portant pavillon neutre est respectée par les puissances belligérantes. Ce principe fut méconnu quelquefois par l'Angleterre sous le règne de Louis XIV, mais c'était à une époque où les trois nations les plus commerçantes de l'Europe employaient, en tems de guerre, tous les moyens possibles pour étendre leur commerce, leur navigation et leur industrie, au détriment des nations rivales. C'était bien une guerre de tarif qu'on se faisait alors; mais, appuyée par le canon, elle devenait plus redoutable, et la plupart des traités d'alliance et de commerce n'étaient signés qu'après plusieurs années de guerre.

L'Angleterre revint avec le tems à reconnaître le droit des gens, en consacrant le principe que le pavillon couvre la marchandise.

La loi du 10 brumaire an 5 méconnut elle-même ce principe dont la violation a toujours excité les réclamations des gouvernemens policés. L'article 2 de cette loi ordonnait que tout bâtiment chargé, en tout ou en partie, de marchandises réputées anglaises, ne pourrait entrer dans les ports de France, sous quelque prétexte que ce fût, à peine d'être saisi sur le champ. L'article 3 de la même loi n'exceptait de cette disposition que les bâtimens au-dessus de 100 tonneaux, dont la relâche serait constatée.

Cette rigueur éloigna de nos ports un grand nombre de navires; le commerce en général en souffrit, et l'Angleterre voyant que nous ne respections point le pavillon qui couvrait ses marchandises usa de représailles à notre égard en saisissant et capturant, partout où elle les trouvait, les produits français.

Ce ne fut donc point le gouvernement anglais qui, pendant la guerre terminée en 1814, viola le premier le principe dont il s'agit : ce fut le nôtre. Car en remontant à la source, nous sommes forcés de reconnaître que dans la loi du 10 brumaire se trouve la première disposition qui ait méconnu l'inviolabilité des neutres, et que cette loi a été la cause première des événemens qui nous conduisirent au système du blocus continental.

Les nombreuses victoires que l'Empereur remporta

dans le nord de l'Europe lui ayant permis de dicter des lois, il voulut fermer forcément les ports de notre continent au commerce anglais. L'Angleterre répondit à ces provocations en déclarant en état de blocus tous les ports du continent, compris entre le Finistère et l'Elbe; et ce fut en représaille de cette dernière mesure que l'Empereur publia les décrets de Berlin et de Milan déjà cités.

Afin de paralyser l'effet de ces décrets, l'Angleterre, par un ordre du Conseil, du 11 novembre 1807, interdit à tous les neutres de commercer avec la France, les obligea à décharger chez elle les marchandises destinées pour notre continent, moyennant un simple droit de réexportation, et les soumit à la visite de ses croisières. Ce ne fut qu'en se soumettant à ces humiliations que les neutres purent aborder librement nos ports, y commercer et en ressortir chargés, sans être inquiétés par le pavillon britannique. C'est ainsi qu'en 1809 les pavillons ottoman et barbaresques obtinrent de l'amirauté de Londres, moyennant le paiement d'un droit de 20 pour °/₀, de pouvoir se rendre dans les ports de France, d'Italie, de Naples et d'Illyrie.

L'Empereur, informé que l'Angleterre faisait acheter aux neutres le droit de commercer avec la France, voulut à tout prix anéantir le commerce de cette puissance, et lui enlever par là les moyens d'appuyer une guerre qui ne se soutenait, en grande partie, que par les subsides qu'elle payait à ses alliés. Dès-lors, les mesures les plus énergiques furent ordonnées pour atteindre ce but. Les livres de bord des navires venant de l'étranger furent compulsés; les équipages interrogés avant qu'ils eussent communiqué avec le port d'arrivée; des tribunaux de douanes et des cours prévôtales, chargés spécialement de juger les faits de contrebande, furent créés; les marchandises prohibées, provenant de fabriques anglaises, furent saisies et brûlées dans tous les lieux occupés par nos armées, et de nombreuses cargaisons furent saisies pour avoir violé les décrets concernant le blocus continental.

C'est à partir de cette époque que divers navires anglo-américains furent saisis et capturés, tant dans nos ports que dans ceux d'Espagne et des autres pays occupés par nos armées. Le gouvernement des États-Unis, fatigué des entraves et des coups d'autorité qui ruinaient son commerce, ferma ses ports à notre marine (34), ordonna que toutes marchandises et productions provenant du sol et des manufactures de France ne pourraient être importées aux États-Unis, sous peine de saisie, confiscation, et amende de trois fois la valeur des marchandises; et il interdit à ses propres navires tout commerce avec la France. Telle a été l'origine de la dette dont les États-Unis réclament aujourd'hui le paiement : dette dont on peut débattre le montant, mais dont on ne peut contester la légitimité.

L'Empereur fut plus loin, il ne se borna point à faire saisir des cargaisons isolées, il attaqua encore des gouvernemens. Un ordre, transmis par le directeur général des douanes, le 10 juillet 1809, suspendit, en

(34) Acte du gouvernement des États-Unis, du 1er mars 1809.

Hollande, l'admission des denrées importées par les navires américains. Un décret impérial, du 23 mars 1810, ordonna que tous les bâtimens, navigant sous le pavillon des États-Unis, seraient saisis ; et ce, par représailles de l'acte des États-Unis qui fermait à nos navires les ports de cette puissance. Un ordre impérial, du 9 avril suivant, ordonna de saisir tous les navires ottomans qui arriveraient dans nos ports, sur le motif que ce pavillon s'était soumis à payer un droit de licence à l'Angleterre ; et bientôt après, la même disposition fut appliquée aux pavillons barbaresques, par les mêmes motifs. Un autre ordre, du 15 mai 1810, ordonna de saisir tout bâtiment suédois qui arriverait chargé de denrées coloniales. Enfin, les dispositions qui tendaient à assurer l'exécution du blocus continental se succédaient avec une telle rapidité qu'il n'était guère possible de coordonner les ordres qu'on recevait. Telle mesure était suivie d'une autre qui l'étendait, puis d'une autre qui la modifiait, puis d'une autre qui anéantissait tout, puis d'une autre enfin, qui reconstituait tout ce que la veille avait vu démolir. C'était à ne plus s'entendre, à ne plus voir qu'une seule chose, c'est que le gouvernement impérial voulait, à tout prix et par tous les moyens possibles, anéantir le commerce anglais.

Cette multitude de gênes et de rigueurs plaça le pavillon neutre dans une alternative cruelle ; il fut obligé ou de payer les droits fixés par l'Angleterre, sous peine d'être capturé par les navires de cette puissance, qui couvraient toutes les mers, ou d'être saisi dans les ports français, si l'on y découvrait qu'il se fût soumis à payer un droit quelconque à la Grande-Bretagne.

Malgré toutes les difficultés qui, semblables aux têtes de l'hydre, se multipliaient constamment pour éloigner de nos ports les navires étrangers, plusieurs les bravaient encore avec opiniâtreté, parce que la rareté des produits exotiques, sur nos marchés, y en avait élevé les prix. Chacun voulut, à tout prix, aborder nos ports pour y réaliser de grands bénéfices ou pour s'y ruiner, et justifia par là le mot du capitaine hollandais qui avouait que s'il y avait quelque chose à gagner en commerçant avec l'enfer, il hasarderait d'y aller brûler ses voiles.

On voulait bien commercer, mais non brûler ses voiles, et pour arriver à ce résultat, on se rejeta sur les assurances dont on paya les primes à des taux très-élevés; on dirigea les entreprises vers des ports depuis long-tems abandonnés par le commerce: c'est ainsi que des Anglo-Américains se décidèrent à approvisionner la Russie d'un grand nombre de produits importés par la mer Blanche, et ces produits débarqués à Archangel se rendaient, après un trajet par terre de plus de 200 lieues, à Moscou où ils présentaient encore de grands bénéfices. Les détaillans et sous-détaillans sophistiquaient les denrées et les drogues; le café et le poivre en grains étaient imités à s'y tromper, le sucre était mélangé de matières hétérogènes, beaucoup de substances réduites en poudre, et de liquides, étaient falsifiés; j'ai vu des noix muscades dans lesquelles on avait introduit du mercure natif pour en augmenter le poids, etc., etc.

Tel était l'état où se trouvait notre commerce vers la fin du gouvernement impérial.

En suivant pas à pas la marche progressive du système que je viens de développer, on voit que l'Empereur y fut conduit insensiblement, sans avoir de plan arrêté, et entraîné qu'il était par la force des événemens qui l'obligeaient à prendre telle mesure pour paralyser telle autre qu'avait adoptée l'Angleterre. Et, de dispositions nouvelles en dispositions nouvelles, il arriva au point de ruiner le commerce chez nous, de l'entraver chez les autres, et de faire abhorer un ordre de chose hostile à tous les intérêts.

Ce n'est point cet ordre de choses qu'on a vanté, mais le système qui y avait conduit. On a hautement loué le gouvernement d'alors d'avoir entrevu et adopté le seul moyen qui pût anéantir le commerce anglais : si le nord de l'Europe, a-t-on dit, se fût prêté aux vues de l'Empereur, c'en était fait de l'Angleterre. Eh! précisément, voilà où se rencontrait la difficulté; elle ne consistait point à délibérer sur le grelot, mais à trouver le moyen de l'attacher. Adopter une législation que les masses répudient, c'est se mettre en hostilité avec celles-ci, et s'exposer à en subir les conséquences.

Le système de blocus continental était impraticable, et dès-lors devenait absurde; impraticable parce que la France, loin d'avoir sur mer des forces suffisantes pour bloquer les îles Britanniques, avait elle-même ses escadres bloquées dans ses ports; impraticable, en ce que nous ne pouvions point fermer le continent européen au commerce anglais; impraticable en ce que;

eussions-nous pu le faire, nous n'étions pas en mesure d'approvisionner l'Europe des produits qui lui manquaient; et ce système, par son exigeance déplacée, aliéna contre nous tout le nord de l'Europe que l'or de l'Angleterre arma plusieurs fois.

Comment supposer, en effet, que la Russie, qui n'a point de colonies, pût adhérer à un système qui l'aurait privée de tous les produits des deux Indes? Comment croire que les royaumes de Suède et de Danemarck, qui ne possèdent à eux deux que les îles St-Barthélemy et St-Thomas, eussent pu acquiescer au même système? La Prusse, les villes anséatiques, ne le pouvaient point non plus. Ce système était donc impraticable, absurde. Tous ces États avaient le droit de nous dire : *Ou fournissez-nous les objets qui nous manquent, ou souffrez que nous les achetions chez la seule puissance qui peut nous les fournir.*

Non-seulement nous n'étions pas en mesure de fournir l'Europe continentale des produits d'outre-mer qui lui manquaient, mais nous en manquions nous-mêmes. Nos rivaux en commerce, maîtres des mers, justifièrent alors ce seul bon vers d'un mauvais poète :

Le trident de Neptune est le sceptre du monde.

Nous créâmes alors le système des licences, à l'aide desquelles l'Angleterre chargeait dans les ports de l'Europe, les grains dont elle avait besoin, pendant que ces mêmes licences nous servaient à importer les produits d'outre-mer nécessaires à notre consommation et à nos fabriques. Et nous, qui réputions l'Angleterre en état de blocus, nous devînmes indirectement ses tributaires. Rien ne s'importa, ni ne s'exporta plus que sous son bon plaisir.

Tout en signalant les vices inhérens au blocus continental, reconnaissons cependant l'existence d'un fait qu'on doit apprécier ; c'est que la privation et la cherté des produits manufacturés anglais, résultant des prohibitions sévères qui les frappaient, ont contribué au perfectionnement d'une infinité de fabriques de tissus, tant en France, qu'en Suisse, en Belgique, en Westphalie, et dans plusieurs villes d'Allemagne, qui ont porté un coup bien funeste à la Grande-Bretagne. L'industrie des tissus, aujourd'hui naturalisée sur le continent européen, a brisé le privilége dont l'Angleterre avait joui long-tems de nous compter parmi ses tributaires.

Réduite à ses propres ressources, la France fut obligée de supporter seule les frais des longues guerres qu'elle eut à soutenir contre les coalitions que son système avait enfantées. Notre industrie, il est vrai, excitée par le puissant mobile de la nécessité, et protégée par des prohibitions absolues et sévères, fit de grands progrès ; mais celle exercée dans un département, était échangée contre celle d'un autre département ou payée par son argent, de sorte qu'il y avait échange de récoltes et de produits entre les diverses parties de l'empire, sans qu'en somme il y eût profit pour l'État.

Alors, du cercle vicieux où son système d'isolement l'avait placé, l'Empereur adopta un plan non moins vicieux, mais forcé : celui de faire peser, sur les 45 millions d'habitans répartis dans les 125 départemens qui constituaient alors l'empire, tous les impôts qu'il aurait à lever.

Le recrutement de l'armée se reproduisit sous des formes différentes, c'étaient la conscription, des gardes d'honneur, des vélites, des gardes-côtes, des gardes déparmentales, qu'il fallait lever ; puis venaient les classes arriérées ; puis le ban et l'arrière-ban, dont les dénominations furent empruntées au régime de l'ancienne féodalité. Tous ces moyens forcés firent sortir des familles aisées, par l'intermédiaire des remplacemens militaires, de grandes sommes qui se répandirent chez les classes pauvres, et qui mirent celles-ci en état d'acquitter une partie des impôts qui pesaient sur elles. Ce fut un premier moyen.

L'autre consista à imposer tous les objets d'une consommation plus ou moins directe, plus ou moins indispensable. Alors le sel, le tabac, les boissons, les denrées coloniales et les vêtemens fixèrent l'attention du législateur. Le coton, à cause des propriétés dont il jouit, d'être livré par la nature presque tout préparé ; d'être fin, léger, chaud et d'une éclatante blancheur ; d'être facile à transporter, de se conserver long-tems sans s'altérer, sans être dévoré par les insectes, et surtout d'être livré en abondance et à bas prix sur les marchés européens ; le coton, dis-je, devenu d'un usage général, devint sous l'Empire une matière imposable, et fut fortement imposé.

La confection des tissus de toute espèce réclamant le concours de la teinture, les matières qui renfermaient un principe colorant, et celles qui servaient à fixer les couleurs, furent imposées fortement; ce fut alors que les décrets des 5 août et 12 septembre 1810 imposèrent le coton de 60 à 800 fr. les 100 kilogrammes; le sucre de 300 à 400, le thé de 150 à 900; l'indigo à 900; le cacao à 1000; la cochenille, la canelle fine et la muscade à 2000, la vanille à 6000, etc.

Un pareil état de choses ne pouvait durer qu'autant que les causes qui l'avaient amené subsisteraient, aussi disparut-il avec le gouvernement impérial qui l'entraîna dans sa chute (35). L'Europe respira alors, elle était fatiguée de batailles; plusieurs États avaient de grandes

(35) L'Empereur n'avait pas encore signé son premier acte d'abdication que déjà le duc d'Angoulême, publiait à Bordeaux, le 24 mars 1814, un règlement qui changeait l'état de nos relations commerciales avec l'étranger.

Ce règlement supprimait le régime des entrepôts, excepté pour les sels, réduisait le droit de tonnage à 50 centimes par tonneau, sans distinction de pavillon, et, quant aux marchandises, réglait les droits suivans :

15 p[r] °/₀ sur quatre espèces de marchandises;

10 p[r] °/₀ sur un plus grand nombre;

Enfin, un droit de 5 p[r] °/₀ sur la généralité des produits étrangers, manufacturés ou non.

Les armes de luxe, la chapellerie, les chandelles, les clous, le cuivre manufacturé, les étoffes de coton, mouchoirs des Indes, étoffes de laine, harnais de voitures, mousselines, etc., etc., étaient nominativement désignés comme ne devant acquitter qu'un droit de 5 p[r] °/₀.

C'etait évidemment prendre au rebours l'esprit d'un tarif, et acheter la protection des Anglais aux dépens de la prospérité nationale, comme, quelques mois plus tard, on leur acheta la paix par la cession de l'île de France. Jamais M. de Vergennes ne signa rien d'aussi désastreux pour nos fabriques.

plaies à cicatriser, et la France elle-même avait à gémir de ses victoires, arrosées de tant de sang.

Remarquons toutefois qu'à travers tous les écarts du gouvernement impérial, on ne le voit jamais abandonner le principe de maintenir au plus bas prix possible les matières alimentaires, les lins, les chanvres, les laines, et toutes les machines propres à étendre l'industrie.

Cependant, si dans le cours de cette longue série de victoires qui illustrèrent nos armées, notre commerce extérieur eut à souffrir, il n'en fut pas de même de notre commerce intérieur. Forcée de se suffire à elle-même, la France avait utilisé toutes ses ressources. La science des Lavoisier et des Fourcroy l'avait dotée d'une infinité de découvertes utilement appliquées aux arts. La soude était tirée de nos marais salans; le sucre, dont l'habitude a fait un besoin, était extrait de plusieurs végétaux, et malgré les sarcasmes des frondeurs, ce produit indigène nous fournit aujourd'hui environ le 6me de notre consommation; la culture du tabac et de la garance s'était considérablement étendue; de nombreuses et d'utiles machines s'élevaient de toutes parts, tandis que l'Angleterre voyait des bandes armées briser les siennes. Les cours de WESTPHALIE, de HOLLANDE, d'ITALIE, de NAPLES et d'ESPAGNE, offraient un débouché à nos riches produits manufacturés, et si quelques-uns de ces produits étaient d'un prix élevé pour le consommateur, on doit en attribuer la cause bien plus à l'élévation des droits et à la cherté des transports qui atteignaient les matières premières qu'à la rareté des bras producteurs.

Le premier changement apporté au tarif des douanes de l'empire fut une importante réduction de droits sur les denrées coloniales, opérée par un ordre du 23 avril 1814.

Le second changement résulta de la loi du 17 décembre 1814, qui modifia les droits sur un grand nombre de marchandises : loi qu'on ne considéra que comme un travail préparatoire. Alors le Ministère, tout en faisant rendre cette loi s'occupait de la refonte entière du tarif pour le mettre en harmonie avec les besoins de l'époque. Il avait consulté toutes les institutions qui pouvaient l'éclairer sur la confection d'un travail si important, lorsque le retour de l'île d'Elbe vint en retarder la publication jusqu'en 1816.

A cette époque, la position financière de la France était changée ; une dette de 700 millions, récemment imposée par les étrangers, et un arriéré énorme à liquider, furent autant de nécessités qu'il fallut supporter, et dont la conséquence fut une augmentation considérable dans les impôts directs et indirects. Il ne fut donc plus possible d'asseoir le tarif sur les bases précédemment arrêtées, et l'on aurait tort d'attribuer aux auteurs du tarif de 1816, l'élévation des droits qui le caractérisent.

Alors, pour la première fois, on vit un tarif basé sur des droits qui s'étendaient jusqu'à 200 et 250 p^r^ % de la valeur de la matière brute imposée ; alors, pour la première fois, on vit un gouvernement s'écarter des premiers principes d'économie, en imposant, outre mesure, les objets d'une grande consommation. Sans doute, on pensait alors que ces mesures de fiscalité ne seraient que temporaires, qu'elles cesseraient avec les besoins du moment, c'était mon opinion; mais une expérience d'environ 18 ans m'a démontré le contraire, en me prouvant combien la marche de notre tarif est vicieuse à certains égards.

Examinons d'abord sur quelles bases ce tarif fut dressé. Cet examen nous conduira à reconnaître les fautes qui lui sont propres; puis nous examinerons ce que l'on a fait pour les redresser; enfin nous proposerons quelques vues qui, selon moi, peuvent rémédier en partie aux torts qu'on lui reproche.

On trouve dans ce tarif :

1° Maintien du doublement de droits ordonné par le décret du 8 février 1810, sur un grand nombre d'articles qu'il atteignait, et application de ce même décret à d'autres articles qu'il n'avait pas atteint.

2° Réduction de droits sur des objets trop fortement imposés par les décrets des 5 août et 12 septembre 1810.

3° Augmentation sur des articles trop faiblement taxés en 1791, ou postérieurement, et qui ne se trouvaient plus en rapport avec les autres.

4° Établissement d'un droit uniforme sur divers articles de même origine ou de même destination, rangés sous des dénominations génériques, telles que les gommes, les résineux, la plupart des végétaux propres à la médecine, etc.

5° Création d'une surtaxe, variée selon les lieux de chargement et le pavillon.

6° Maintien de la base qui, en 1791, servit à imposer à la valeur certains objets.

7° Nouvelle fixation de droits sur les objets omis au tarif.

8° Maintien des prohibitions établies par les lois du 1er mars 1793 et 10 brumaire an 5, indépendamment de quelques autres.

9° Adoption des tares telles qu'elles ont été établies par la loi du 22 août 1791.

Je vais examiner chacune de ces clauses dans l'ordre où je viens de les présenter.

---

§. Ier. Maintien du doublement des droits.

Le décret du 8 février 1810 doubla les droits d'entrée sur les *marchandises coloniales*, ce qui comprenait, selon les termes du même décret, les drogueries, les épiceries, et *généralement* les produits des deux Indes.

A l'époque où cette mesure fut prise, l'Angleterre était maîtresse absolue du commerce de l'Inde ; la Hollande n'était plus en état de contrebalancer son pouvoir, parce qu'elle venait de perdre plusieurs de ses comptoirs dans cette partie du monde, et le Cap de Bonne-Espérance. Le bénéfice du frêt sur tous les produits indiens étant retiré par les Anglais, il y avait peu d'inconvénient à doubler les droits sur ces produits. Le décret n'avait donc rien d'étrange dans un moment où les besoins de l'État se faisaient vivement sentir, il ne pesait que sur des produits étrangers. Mais ce qu'il y eut de fiscal, ce fut la grande élasticité qu'on donna au décret qui, par sa concision, sollicitait des explications. A l'aide d'explications et de commentaires, on étendit le doublement de droits à un grand nombre d'articles qui n'auraient pas dû en être atteints.

La loi du 28 avril 1816, confirma, sur un grand nombre d'articles, le doublement ordonné en 1810; modifia, sur d'autres, le doublement qui les avait atteints; et enfin appliqua à beaucoup de marchandises, non originaires de l'Inde, le doublement auquel elles n'avaient pas été soumises précédemment.

L'effet de cette mesure fut d'admettre pour bonnes les bases adoptées en 1791, puisqu'en 1816 on cherchait à rétablir le rapport qu'avait rompu le décret du 8 février. Or, il n'est point démontré que le tarif de 1791 fût un travail parfait, et dont l'homogénéïté, si elle s'y rencontrait, convînt à 1816. La gradation de droits admise dans le premier tarif pouvait peut-être convenir à l'époque, mais bien certainement elle n'avait pas été adoptée pour 1816, et je crois avoir eu raison d'exprimer que le tarif de 1791 ne pouvait être considéré que comme une chose d'essai, dont l'effet, contrarié par une longue guerre maritime n'a pu être apprécié.

En admettant que le tarif de 1791 eût parfaitement gradué les droits, tant sur les produits de l'Inde que sur les autres, il resterait toujours cette triste conviction qu'un grand nombre de produits ayant la première origine, sont taxés à des droits trop faibles, et tels que, malgré la surtaxe, le bénéfice de frêt restera au pavillon étranger, si l'on n'adopte point un autre système. Mais comme je compte remanier bientôt ce qui concerne les productions de l'Inde, je regarde comme inutile d'entrer ici dans de plus grands développemens au sujet du doublement de droits.

---

§. II et III. De l'augmentation et diminution de droits sur certains produits.

Le changement de tarification à l'égard des marchandises dont il fallut, en 1816, augmenter ou diminuer les droits pour les mettre en rapport avec les autres, a démontré ces deux vérités :

1° Que les auteurs du tarif de 1816 étaient mal fixés sur la valeur des marchandises qu'ils furent appelés à taxer ;

2° Qu'ils ne firent pas assez la part de l'abondance avec laquelle la paix, en faisant affluer les marchandises sur nos marchés, les y ferait baisser de prix.

De la première erreur, il résulta une disproportion énorme dans la quotité du droit établi, la base variant de 25 à 250 pr %.

De la seconde, il advint que cette disproportion fut toujours en croissant à mesure que nos marchés s'engorgeaient. J'ai vu, dans le commencement de 1817, une cargaison de poivre d'environ 300 tonneaux, vendue à 75 fr. les 100 kilogrammes, lorsqu'elle devait acquitter 165 fr.; proportion du droit, 220 pr %. Vers la fin de la même année, le même article était vendu à 87 fr. 50 c., escompte de 30 pr %; reste 60 fr. 25 c.; proportion, 273 pr %.

Le cacao, à la même époque, se vendait 45 fr., devant acquitter 132 fr.; proportion, 293 p^r °/₀.

Cette disproportion, entre les droits de douane et la valeur des marchandises, multiplia les débarquemens frauduleux sur tous les points de nos abords maritimes, malgré la surveillance la plus active des brigades.

Qu'on ne dise point que cette baisse n'était que momentanée ou que locale, ce serait une étrange erreur de le penser. Cette dépréciation ne fut point momentanée, parce que l'Europe, manquant des produits des deux Indes, vit, dans moins de deux années de paix, ses marchés s'encombrer de ces produits, comme à son tour le Nord s'encombra des produits du Midi, et le Nouveau-Monde des productions de l'Ancien. On vit alors dans les colonies, les vins, les eaux-de-vie, les chandelles, les savons, et divers autres articles, être livrés au-dessous des prix d'achat.

Ce fut à cette époque que nos vins se vendirent à des prix très-élevés, que leur exportation s'accrut outre mesure, que les vignobles augmentèrent de valeur, et que les journées d'ouvrier s'élevèrent au point qu'en 1817 et 1818, on paya, dans le Bas-Languedoc, les journées des vendangeuses sur le pied de 3 fr., et celles des hommes sur celui de 5 fr.

Cette abondance de produits étrangers sur tous les marchés, amena sur chacun d'eux, une réaction occasionée par le besoin de laisser rétablir l'équilibre entre l'excès des importations et la consommation normale; cet équilibre tendit à rehausser les prix qu'une abondance excessive avait avilis partout. Mais avant qu'il fût rétabli, des faillites se manifestèrent dans toutes les contrées commerçantes, suite inévitable de transactions dans lesquelles les prix de vente étaient au-dessous des prix d'expédition. Cette crise commerciale dura quelques années, et ne se fit ressentir, en Angleterre, qu'en 1825 ou 1826, parce que ce royaume, semblable à un corps bien constitué, eut le moyen de retarder plus que les autres l'effet du typhus commercial.

Quant à la baisse des produits exotiques qui survint, elle ne fut point locale, parce qu'elle résultait d'une abondance extrême sur tous les marchés européens. Les Anglo-Américains ne seraient point venus vendre leurs cargaisons à Marseille, s'ils eussent pu les placer plus avantageusement dans les ports de Londres, Hambourg, Amsterdam, Anvers, Cadix, Gênes, Livourne, etc.

Ce peuple, presque seul intermédiaire entre le producteur du Nouveau-Monde et le consommateur européen, est toujours instruit des prix qui règnent sur nos principaux marchés. Aucun de ses navires n'aborde la Méditerranée sans relâcher à Gibraltar pour s'y instruire du prix qui lui est le plus favorable, attendu que ce port est un centre commun où tous les prix des principaux marchés de l'Europe vont retentir. De là, le capitaine anglo-américain fait voile vers le port qui lui présente les prix les plus avantageux. D'après ces explications, on doit croire que les prix offerts par Marseille étaient à cette époque les plus convenables.

J'ai déjà fait remarquer qu'on aurait tort de reprocher aux auteurs du tarif de 1816, l'élévation des droits fixés par ce tarif. L'impérieuse nécessité était là, elle commandait, il fallait obéir. Mais aujourd'hui la position financière de la France est changée; si la dette publique est encore élevée, au moins des baïonnettes étrangères ne nous pressent point de nous liquider; pourquoi n'a-t-on réduit que tardivement et forcément un grand nombre de produits trop fortement imposés? Pourquoi pèse-t-on sur des matières premières? Pourquoi s'écarte-t-on des premiers principes d'économie, en imposant fortement les machines à l'entrée, et en favorisant leur sortie? Telles sont les questions que je me fais quelquefois, et dont je cherche inutilement la solution.

---

§. IV. Des marchandises rangées sous des dénominations génériques.

Cette mesure était sollicitée depuis long-tems. Comme elle présente des avantages et des inconvéniens, il convient d'entrer dans quelques détails à ce sujet.

Sous l'empire du tarif de 1791, beaucoup de produits ayant à peu de chose près la même analogie étaient soumis à des droits différens. Chaque racine, chaque écorce, chaque gomme, chaque résine, etc., était soumise à un droit particulier. Cette multitude de droits augmentait considérablement la nomenclature du tarif et des états de balance du commerce; elle exigeait de la part de l'employé des connaissances très-variées qu'un seul homme ne peut pas toujours réunir; elle exposait le négociant qui pouvait facilement déclarer un produit pour son congénère; elle enrayait fort souvent la marche des vérifications, et le tout pour une différence de droits qui quelquefois était fort minime. Le nouvel ordre de choses a paré à ces inconvéniens : voilà le bon côté.

Quant aux inconvéniens qui en sont nés, voici ceux qui se présentent : c'est d'abord de confondre dans un même article générique des produits que le législateur a jugés convenable d'assujettir à un même droit, mais qui, pris séparément, ont des valeurs bien différentes. De là, des élémens trompeurs pour nos états de balance de commerce.

Mais un inconvénient bien plus grand que cela, puisque c'est un vice, c'est d'avoir rangé, dans des mêmes articles, chacun soumis au droit qu'on a cru devoir lui convenir, des marchandises d'origine plus ou moins lointaine, de sorte que tel article, importé du lieu de production, et n'ayant fait qu'une courte traversée, acquitte autant que d'autres de même nature, originaires de l'Inde, et dont presque tout le bénéfice de frêt est resté au pavillon étranger.

Pour devenir plus intelligible, citons un exemple; je le prends parmi les racines médicinales imposées à 20 et 22 fr. par 100 kilogrammes.

Les racines indigènes d'angélique, d'aulnée, de câprier, de chiendent, etc., qui ne laissent qu'un médiocre frêt à notre navigation, sont autant imposées que celles exotiques d'acorus calamus, de calaguala, de colombao, de contrayerva, de costus, d'esquine, etc., dont tout le bénéfice de frêt et d'achat primitif est resté aux mains des Hollandais ou des Anglais.

De deux choses l'une, ou nos navires vont charger ces produits dans les entrepôts d'Europe, ou bien ils vont les prendre aux lieux de production. Dans le premier cas, la surtaxe de 2 fr. est souvent insuffisante pour garantir le bénéfice du frêt à notre pavillon; dans le second, elle est toujours inefficace pour lui assurer cet avantage.

J'indiquerai bientôt les moyens de parer à ce mal.

---

§. V. Des surtaxes.

La création d'une surtaxe n'est pas une idée nouvelle. Je la trouve consacrée en Angleterre, sur plusieurs marchandises, dans un tarif de cette puissance, de 1788, que j'ai sous les yeux. Elle existait déjà au beau tems du règne de Louis XIV, et l'excédant de droits qu'acquittaient les étrangers en Angleterre, mais notamment les Français, était si élevé que la France fut obligée d'user de représailles pour rétablir la balance. Ce fut la déclaration du roi du 18 avril 1667 qui para en partie à cette inégalité de droits, en élevant le tarif sur certains produits manufacturés, originaires d'Angleterre, de Hollande et de Flandres; car la Hollande aussi avait jugé convenable de faire une guerre de tarif, en prohibant quelques-uns de nos articles, à cause d'un droit de frêt de 5 fr. par tonneau, établi en France qui, en atteignant tous les navires étrangers, pesait plus particulièrement sur les siens, qui jusques là avaient fait le cabotage dans nos ports (36). L'année

(36) Anquetil. *Histoire de France*, année 1669.

1669 vit terminer les différens commerciaux entre la France et la Hollande; et le traité d'Utrecht, du 11 avril 1713, aplanit les difficultés qui avaient divisé la France et l'Angleterre.

La loi du 28 avril 1816 a établi deux surtaxes: l'une s'applique seulement au mode de transport; l'autre est combinée en raison du lieu de chargement et du mode de transport.

La première est très-bien calculée; elle est proportionnelle aux droits dus par les navires français, et, limitée dans sa progression, elle varie de 1 fr. à 175 fr. par tonneau.

On regrette qu'elle n'ait pas été appliquée aux articles taxés au nombre, à la mesure ou à la valeur, et l'on demande aux auteurs du tarif de 1816, pourquoi les huiles et les baumes, taxés au poids, doivent une surtaxe, tandis que les boissons, taxées à la mesure, en sont exemptes? En consultant le tarif de 1788, déjà cité, je remarque qu'en Angleterre un grand nombre d'articles étaient soumis à la surtaxe, quelle que fût l'unité servant de base à la perception; et cette surtaxe n'était pas peu de chose, puisque le pavillon étranger acquittait quelquefois le 7me et même le 6me en sus des droits établis sur le pavillon britannique.

Les vins importés à Londres, par navires anglais,

devaient	705 livres	12 sous,	
par navires étrangers	806	» 8	»
importés dans les autres ports d'Angleterre, par navires anglais	604	» 16	»
par navires étrangers..........	705	» 12	»

Si la plupart de ces surtaxes n'existent plus dans le tarif actuel d'Angleterre, c'est que cette puissance, en étendant ses relations, a dû nécessairement changer de système pour en adopter un plus rationnel. Forte de son acte de navigation, des nombreux traités de commerce qui la lient à divers peuples, et forte surtout des nombreuses possessions qu'elle a conquises dans les cinq parties du monde, elle exclut de ses marchés tout ce qui est importé par tiers pavillon. Si une nation ne souscrit point avec elle à un traité de commerce, elle est certaine d'être traitée sans ménagement, et d'être presque exclue de ses marchés. La manière dont le pavillon napolitain est traité, en Angleterre, justifie ce que j'avance : les huiles importées en Angleterre sous pavillon napolitain, quoique originaire des Deux-Siciles, sont plus imposées que celles importées par tout autre pavillon ; c'est qu'on veut contraindre le royaume des Deux-Siciles à signer un traité.

Dans l'intérêt de notre navigation, il serait à désirer qu'on établit une surtaxe sur tous les objets taxés autrement qu'au poids.

Une autre observation sur la surtaxe qui nous occupe, c'est qu'elle est insuffisante pour protéger notre navigation, lorsque le droit principal est peu élevé, et s'applique à une navigation de long cours.

L'autre surtaxe est non moins utile ; elle favorise les armemens pour les lieux de production, situés hors d'Europe ; c'est une sorte de prime, accordée aux armemens lointains. Mais il est à regretter qu'aucune base régulière n'ait été adoptée dans la fixation de cette surtaxe. Afin de rendre plus sensible ce qu'a de défectueux le plan qui a servi pour la graduer, j'ai dressé le tableau ci-après, qui laisse en dehors les droits dus sur les produits de nos colonies. Ce tableau, qui présente dans un cadre très-resserré le minimum et le maximum, tant des surtaxes établies par la loi du 28 avril 1816 que de celles existantes à la fin de 1833, indique aussi dans quelle proportion ces surtaxes excèdent les droits dus par les navires français.

			Minimum.	Maximum.	
Marchandises chargées	dans l'Inde, surtaxe...	de 1816...	5 50	110 »	par 100 kilog.
		actuelle ..	3 85	1210 »	
	ailleurs hors d'Europe, surtaxe	de 1816...	3 30	220 »	
		actuelle ..	2 20	330 »	
Proportion dont la surtaxe excède le droit principal pour les marchandises chargées	dans l'Inde...........	en 1816...	11 %	600 %	de plus que par navires français.
		actuellemt.	35 %	700 %	
	ailleurs hors d'Europe.	en 1816...	5 %	250 %	
		actuellemt.	7 %	900 %	

Ce tableau démontre qu'en 1816 les surtaxes établies sur les marchandises venant de l'Inde variaient entre 5 fr. 50 c., et 110 fr. par 100 kilogrammes, tandis qu'en 1833 elles s'étendaient de 3 fr. 85 c. à 1210 fr.; que pour celles chargées ailleurs que dans l'Inde, mais hors d'Europe, la surtaxe roulait en 1816 sur une base de 3 fr. 30 c. à 220 fr., base qui, en 1833, partait de 2 fr. 20 c. et allait jusqu'à 330 fr. Ici, comme on le voit, le minimun des surtaxes s'est trouvé réduit en 1833 pour les deux provenances; et comme, pour la majeure partie des marchandises, on ne doit calculer qu'environ 800 kilogrammes pour un tonneau de mer, à cause de leur pesanteur spécifique, on doit être convaincu que le minimum de la surtaxe pour les produits de l'Inde n'est que de 30 fr. 80 c. par tonneau de mer, quotité évidemment insuffisante pour assurer le frêt à notre navigation, et que le minimum pour les autres provenances, hors d'Europe, n'est que de 17 fr. 60 c. par tonneau, quotité également insuffisante pour obtenir le même résultat.

Le frêt des ports français, dans les mers des Indes, étant calculé sur le pied d'environ 240 fr. par tonneau, tandis que les Anglais et les Hollandais peuvent n'exiger que 100 fr., assure-t-on, la différence de 140 fr. divisée par 8 quintaux, représentant le tonneau, donne un quotient de 17 fr. 60 c., qui représente le minimum qu'on doit donner par 100 kilogrammes aux surtaxes des provenances de l'Inde, si l'on veut conserver la concurrence à notre marine. Cet exemple, en démontrant qu'on a eu tort depuis 1816 de réduire les surtaxes, indique qu'il convient de les rehausser jusqu'à ce qu'on ait atteint le minimum de 17 fr. 60 c.

Le calcul que je viens d'établir à l'égard des provenances de l'Inde peut également servir de règle pour les autres lieux de départ, et si les bases sur lesquelles on les asseoira sont bonnes, on obtiendra des résultats avantageux. Mais dans l'état actuel des choses, notre tarif, je ne le dissimule point, présente beaucoup d'articles que notre commerce tirera de Hollande ou d'Angleterre, même par navires étrangers, avec plus d'économie que directement de l'Inde par navires français. La plupart de nos substances végéto-médicinales sont dans cette hypothèse.

Il serait encore à désirer qu'on établît une règle à-peu-près uniforme pour la surtaxe : jusqu'à ce jour je n'ai rien trouvé de satisfaisant à cet égard, malgré que j'y aie pensé souvent. La distance des lieux, les dangers de la navigation, et la pesanteur spécifique de la marchandise, doivent entrer comme élémens dans les déterminations à prendre.

---

§. VI. Des marchandises imposées à la valeur.

Il est inutile de revenir ici sur les inconvéniens que présente l'impôt établi *ad valorem*. Exposer qu'un pareil mode exige de la part des vérificateurs des douanes des connaissances très-étendues et très-variées qu'ils ne peuvent avoir ; qu'il favorise l'importation de marchandises de mauvaise qualité que l'intérêt public ordonne de repousser ; qu'il tend à léser le trésor et à établir une inégale répartition d'impôts sur des marchandises qui, après avoir joui d'une modération de droits, motivée sur des vices réels ou supposés, sont livrées au consommateur avec celles de bonne qualité et qui ont acquitté l'intégralité des droits ; qu'il retarde et embarrasse la marche du service des douanes, etc., etc., c'est redire ce que chacun sait, et par conséquent, ne rien enseigner de nouveau.

Il paraît que les auteurs du tarif de 1791 furent

très-sobres de ce mode d'imposer, car on remarque qu'ils ne l'appliquèrent qu'à un très-petit nombre d'articles. La base dont ils partirent pour les imposer varia entre 10 et 15 p^r °/₀.

Depuis lors, les droits sur les matières brutes ont été considérablement augmentés ; plusieurs de celles-ci acquittent plus de 100 p^r °/₀ de leur valeur, et cependant la base de l'impôt *ad valorem* établie en 1791 a survécu à tous les orages commerciaux pour se reproduire dans le tarif de 1816. N'y a-t-il pas erreur de principes à ne taxer qu'à 10, 12 et 15 p^r °/₀ les objets fabriqués, tandis que les matières brutes sont imposées dans une proportion bien plus élevée ? J'ai déjà signalé l'albâtre qui présente cette anomalie, et je reproduis ici mon observation, afin qu'en procédant par analogie sur d'autres objets, on puisse augmenter, s'il y a lieu, le droit auquel ils sont soumis.

L'albâtre brut, ai-je déjà dit, taxé à 4 fr. les 100 kilogrammes ne vaut que 25 fr., le même poids donné ; il acquitte donc, en y comprenant le décime, 17 fr. 60 c. par 100 fr. de valeur, tandis que l'albâtre ouvré n'est imposé qu'à 16 fr. 50 c., d'après l'ordonnance du 8 juillet 1834. Ici, évidemment, la matière brute est plus imposée que celle ouvrée.

J'ai signalé également l'inconvénient qu'il y a pour le trésor et notre industrie à taxer l'albâtre ouvré à la valeur. Mais, comme il serait dangereux de donner de la publicité aux motifs que j'ai fait valoir, en les reproduisant ici, je me borne à rappeler que j'ai communiqué des réflexions à ce sujet.

§. VII. Des droits sur les marchandises omises au tarif.

Antérieurement au tarif de 1816, les marchandises omises au tarif d'entrée, divisées en trois classes, étaient soumises aux droits de 20, 10 et 3 p^r^ % de leur valeur. Cette tarification était simple, et ne pouvait guère s'appliquer qu'à des articles pris en dehors des spéculations commerciales ; car, généralement, tous les objets qui entrent dans le commerce sont connus et tarifés.

La loi du 28 avril 1816 (art. 16) a changé cet ordre de choses, en réglant que les articles omis au tarif seraient traités comme l'article qui leur est le plus analogue. Cette mesure pouvait paraître convenable en 1816 ; car, à cette époque, on pouvait présumer que pendant la longue interruption de notre commerce, des matières premières nouvellement découvertes pourraient être mises en œuvre et rivaliser avec d'autres ; on pouvait craindre encore que des produits nouveaux fournis par la chimie ou par l'industrie ne vinssent porter préjudice à nos industriels. Ces produits pouvaient être importés et passer inaperçus sous la dénomination vague et générique d'*articles omis*. Aujourd'hui cette crainte n'est plus fondée ; une expérience de vingt années de paix et d'une prospérité toujours croissante nous a démontré qu'un très-petit nombre d'articles a fixé l'attention du gouvernement, comme objets non tarifés spécialement, mais devant l'être, et ces objets ont été soumis à un droit particulier. Tous les autres et nombreux articles dont l'administration des douanes a dû s'occuper pour leur assigner un classement, n'entrent point dans le commerce, et les 9/10 d'entre eux n'ont pas été présentés deux fois en douane. Cependant la correspondance, les registres d'ordre, le répertoire et les notes du tarif ont été surchargés d'explications presque surabondantes.

De la nouvelle disposition de 1816, il est résulté un nouveau mode de classement des marchandises reprises au tarif. L'administration des douanes, désirant faciliter à ses employés l'assimilation de celles omises, a divisé son tarif en quatre grands tableaux, renfermant les trois règnes de la nature, et les fabrications. Ces quatre tableaux contiennent 27 chapitres, dans lesquels elle a groupé les articles qui, selon elle, paraissent présenter quelque analogie. On aperçoit très-peu d'ordre dans la formation de ces chapitres; les uns ne renferment que des marchandises ayant la même origine, d'autres que des objets ayant le même emploi ou à-peu-près, d'autres enfin ne sont formés que d'élémens divers. Le chapitre *pêches* n'est composé que de produits fournis par cette industrie, mais il ne les comprend pas tous; la nacre de perle, l'antale, les éponges, les lichens médicinaux, les dents de phoque, l'écaille de tortue et celle d'ablette, les goëmons, les fucus, et bien d'autres articles, appartiennent à des chapitres différens, parce qu'ils ont une autre destination que celle qui attend ordinairement la pêche alimentaire. Mais alors, pourquoi le corail brut ne figure-t-il point parmi les *matières dures à tailler*, comme la nacre et l'écaille de tortue? Pourquoi la graisse de poissons et le blanc de baleine ne font-ils point partie des chapitres *produits et dépouilles d'animaux*, dans lequel se trouve la colle de poisson qui devrait, ainsi que la colle-forte, figurer au chapitre des fabrications, ou tout au moins à celui des *compositions diverses?* Pourquoi les peaux de phoque et les fanons de baleine figurent-ils au même chapitre *pêches*, tandis que les dents de phoque, matière ouvrable comme les fanons, sont placées ailleurs ? Il me serait bien facile de multiplier mes questions, si je cherchais à faire de la polémique, mais tel n'est point mon but.

Mon intention est de démontrer que la division actuelle du tarif est au-dessus de l'intelligence d'un grand nombre d'employés de douanes, qu'elle les embarrasse, ainsi que beaucoup d'agens consulaires dans les pays étrangers, et que quantité de négocians étrangers, déjà embarrassés par les difficultés de traduction et de réduction de poids et de mesures, le sont encore davantage par le classement adopté, et nonobstant le répertoire placé en tête du tarif.

Un tel mode de classement était, comme je l'ai fait remarquer, une conséquence nécessaire de la condition d'admission des articles omis au tarif. Mais si l'on abrogeait l'article 16 de la loi du 28 avril 1816, on pourrait classer d'une manière plus simple les objets repris au tarif, et l'on se mettrait ainsi à la portée d'un plus grand nombre d'intelligences.

Il importe peu au négociant et au consommateur que tel article soit classé dans tel chapitre ou dans tel autre; cela ne change rien à la quotité du droit qu'il doit acquitter; mais ce qui lui importe beaucoup, c'est de trouver promptement l'article qu'il cherche. Ce qui intéresse surtout l'économiste, c'est qu'on adopte un classement qui présente à l'œil une division rationnelle, dans laquelle il puisse étudier et découvrir de suite les grands intérêts du pays. Si j'avais à diviser un tarif, voici à-peu-près le classement que j'adopterais :

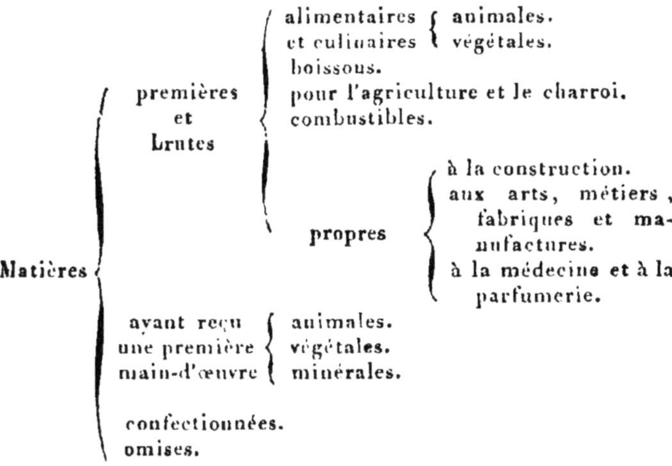

Cette division, qui me paraît tout aussi rationnelle que celle du tarif actuel, présenterait moitié moins de chapitres et des aperçus qu'il est utile de connaître.

La grande division, par règnes, adoptée dans le tarif actuel, est sans doute fort bonne dans un ouvrage d'histoire naturelle, mais un tarif de douanes n'est pas un ouvrage de science, c'est un travail de méthode, et rien de plus; or, comme cette méthode doit s'engrener dans un autre travail important que réclame l'économiste, l'état de la balance de commerce, sachons adopter une méthode simple, rationnelle, en harmonie avec nos besoins.

Si, dans le tarif actuel, on désire connaître le mouvement commercial des *produits chimiques*, il faut consulter plusieurs chapitres : d'abord recourir à celui qui porte ce titre ; puis consulter celui des *compositions diverses*, où se trouvent classés les médicamens composés ; puis recourir aux deux chapitres *teintures préparées et couleurs*. Si l'on veut apprécier le mouvement des *couleurs*, il faut recourir d'abord au chapitre *couleurs ;* puis à celui *produits chimiques*, où se rencontrent beaucoup d'oxides colorans, et des combinaisons chimiques qui ne servent qu'à colorer. L'azur, la graphite sont repris à *métaux ;* les ocres, et d'autres terres, sont classées à *pierres, terres et autres fossiles*.

Tous les objets fabriqués ne sont point rangés dans le chapitre des fabrications. Les plumes apprêtées, la bourre de soie filée, la colle-forte et la colle de poisson, les cornes de bétail en feuillets, les pâtes d'Italie et le pain d'épice, les fruits confits et bien d'autres articles fabriqués, n'en font point partie.

Le chapitre des denrées coloniales de consommation comprend, entre autres articles, la mélasse, les sirops, les confitures, les bonbons et le sorbet ; mais le sucre raffiné et le chocolat sont classés ailleurs. Il y aurait de quoi faire un fort long chapitre, si l'on voulait s'appesantir sur toutes les irrégularités qu'offre le classement actuel. Cependant, tout en signalant l'imperfection du travail, je reconnais la nécessité où l'on a été de grouper certains articles pour faciliter l'assimilation des objets omis, et je rends justice au zèle et au mérite de ceux qui l'ont entrepris.

---

§. VIII. Des prohibitions.

Il en est des prohibitions comme des droits à établir, rien ne peut être généralisé ; s'il est absurde de dire que tel article, comme objet de luxe, doit être imposé fortement, et que le trésor en tirera telle ressource, il ne l'est pas moins de proclamer que telle prohibition doit exister parce que nous fabriquons les objets auxquels elle s'applique.

Les prohibitions ne doivent exister que pour protéger les fabriques dans l'enfance; dès que celles-ci ont atteint une consistance telle qu'elles puissent suffire aux besoins du pays, et qu'elles puissent exporter une portion de leurs produits, la prohibition n'est plus indispensable ; elle peut être remplacée par des droits sagement établis, et cette protection devient suffisante. Alors on laisse au riche la facilité de satisfaire ses goûts et ses besoins en acquittant les droits du tarif sur les produits fabriqués à l'étranger, non parce qu'ils y sont fabriqués à meilleur marché, mais parce qu'ils s'y rencontrent d'une qualité supérieure à celle que fabrique son pays. Voilà le principe général posé; nous aborderons bientôt les exceptions.

Les tarifs de 1664 et de 1667 « ne prononçaient « point de prohibitions absolues : l'esprit de méditation « qui caractérisait Colbert lui avait enseigné que, s'il

« est moins aisé pour un Ministre, il est bien plus « avantageux pour une nation, d'exciter en elle l'activité et l'industrie, que de triompher de la rivalité et « de la concurrence de l'étranger en repoussant ses pro- « duits par une prohibition plus facile à prononcer « qu'à faire respecter. Colbert était persuadé sans « doute que la défense d'importer est suffisamment « représentée par des droits, lorsqu'ils sont élevés à « un certain taux. Alors, en effet, si l'industrie na- « tionale ne sait ou ne veut pas, avec la forte prime « que lui accorde le tarif, satisfaire au goût des con- « sommateurs, ceux-ci ont encore le choix des fabri- « cations étrangères, en payant un tribut volontaire, « dont l'état profite, au refus des industriels. Cette li- « berté restreinte éveille, entre les différens peuples, « une émulation d'industrie que le monopole national « étouffe, au contraire. A ces avantages, les droits « de douane, lorsqu'ils sont sagement calculés, en « réunissent un plus grand encore, celui de prévenir « l'existence et les conséquences funestes de la contre- « bande, également préjudiciable à l'État et aux pro- « ducteurs nationaux, et qui, toujours, par adresse ou « par corruption, l'emporte sur les obstacles que le « système prohibitif ne lui oppose qu'à grands frais. « S'il n'admettait pas les prohibitions absolues; le Mi- « nistre ne négligeait aucun des moyens propres à pré- « venir la fraude des droits, et les dommages plus « grands que la contrebande cause aux producteurs de « bonne foi (37). »

(37) Bailly. *Histoire financière de la France*, tom. 1er; p. 454.

Nos premières prohibitions, en France, ne datent que du 8 octobre 1686 (trois ans après la mort de Colbert). Elles défendirent l'importation des étoffes des Indes, de la Chine et du Levant que la mode avait répandues dans toutes les classes de la société. Ces prohibitions furent renouvelées par un grand nombre d'arrêts rendus pendant les dernières années du règne de Louis XIV et sous la régence, arrêts qui renchérissaient constamment sur les peines à appliquer aux contrevenans. Ces arrêts défendaient à tous négocians, marchands, colporteurs, fripiers, tailleurs, couturiers, brodeurs, ouvriers, et à toutes personnes de quelque qualité qu'elles fussent, de faire commerce, exposer en vente, débiter, acheter en gros et en détail, porter, s'habiller, employer en meubles, habits, vêtemens, soit dedans ou dehors leurs maisons, aucunes étoffes des Indes et de la Chine, de soie pure, mêlées d'or et d'argent; d'écorce d'arbre, laine, fil, coton, peintes en furie ou fleurs; toiles ou autres étoffes peintes ou imprimées dedans ou dehors le royaume, vieilles ou neuves, à peine de 3,000 livres d'amende pour chaque contravention, payables par corps (38).

Ces défenses furent renouvelées par un édit d'octobre 1726, qui étendit la pénalité à trois ans de galères pour les importations opérées par moins de trois hommes armés, et qui ordonna la peine de mort pour toute introduction, tentée par trois hommes, ou plus, armés.

Puis une foule d'arrêts et de déclarations étendirent

(38) Arrêt du Conseil d'État, du 20 janvier 1716.

la nomenclature des prohibitions pendant toute la durée du règne de Louis XV. Il ne s'agit que de consulter les anciens tarifs pour s'en convaincre.

Eh bien! malgré ces entraves, malgré l'énormité des peines, la contrebande approvisionna nos marchés pendant plus de 50 ans, tant l'attrait de la mode, tant le désir de gagner sont puissans.

Le fatal traité passé avec l'Angleterre, le 26 septembre 1786, fit lever les prohibitions qui gênaient ce royaume et ses possessions. A la faveur de quelques réductions de droits qu'ils accordèrent à nos vins, vinaigres, eaux-de-vie, huiles d'olive et bière, nous eûmes l'imprudence d'autoriser l'admission d'un grand nombre de leurs produits manufacturés sous l'acquittement de droits qui variaient entre 10 et 15 p^r °/₀. La bonneterie et les tissus de coton et de laine, les objets de mode, la porcelaine, la faïence, la poterie, les glaces et la verrerie, à la faveur de ce traité, étaient admis chez nous moyennant un droit de 12 p^r °/₀. A la vérité, le traité établissait la réciprocité de droits, mais elle disparaissait devant la supériorité déjà acquise dans ce royaume sur ces produits.

Le tarif de 1791 fit disparaître presque toutes les prohibitions qui arrêtaient précédemment l'importation des objets manufacturés. Il ne conserva que celles qui frappaient l'argent et l'or faux, filés sur soie, le fil de lin et de chanvre retors, les tabacs et la verrerie; le peu d'autres prohibitions qu'il ordonna ne s'appliquaient nullement à des objets fabriqués (39).

(39) MM. Williers et Bowring, dans leur rapport sur les re-

Les prohibitions qu'il établit à la sortie furent plus nombreuses. Elles reposèrent généralement sur des objets nécessaires à nos fabriques, et plusieurs d'entre elles existent encore.

Un décret du 1er mars 1793 annulla (art. 1er) tous les traités d'alliance et de commerce existant avec les puissances qui se trouvaient en guerre contre la France, et prohiba (art. 2) les velours et étoffes de coton, les étoffes de laine connues sous le nom de casimir, la bonneterie de toute espèce, les ouvrages d'acier poli, les boutons de métal, et les faïences de terre de pipe ou de grès d'Angleterre. L'article 3 soumettait ces articles à un certificat d'origine.

Un décret du 18 vendémiaire an 2 prohiba l'importation de toutes les marchandises fabriquées ou manufacturées en Angleterre, en Ecosse, en Irlande, et dans tous les pays soumis au gouvernement britannique, sous peine de 20 années de fers contre les importateurs desdites marchandises, les employés qui en auraient permis ou souffert l'introduction en France, et contre les auteurs et propriétaires d'affiches, placards, enseignes et journaux qui en annonceraient la vente.

lations commerciales entre la France et l'Angleterre, ont avancé que le tarif de 1791 fut dressé dans un esprit restrictif ou prohibitif. Ils disent qu'en 1814, les mesures exclusives de ce tarif furent *maintenues dans toute leur rigueur*. C'est sans doute une erreur de leur part : ils auront confondu les modifications à ce tarif avec le tarif organique. Ce tarif ne renfermait d'autres prohibitions d'entrée que celles énoncées ci-dessus, parmi lesquelles on ne remarque aucune espèce de tissus, ni de peaux préparées ou ouvrées, ni de métaux ouvrés.

Des prohibitions prononcées d'une manière si absolue, si générale et si exclusive envers un seul État, indiquaient qu'elles étaient ordonnées bien moins dans une vue de protection, réservée à nos fabriques, que dans une intention purement politique.

La loi du 10 brumaire an 5 apporta quelques restrictions au décret ci-dessus, en déterminant les marchandises qui seraient réputées provenir des fabriques anglaises, quelle qu'en fût l'origine. Elle réduisit la peine à la confiscation des objets saisis et des moyens de transport, à une amende triple de la valeur de l'objet saisi, et à un emprisonnement de 5 jours à 3 mois. Ainsi disparut la pénalité de 20 années de fers précédemment prononcée, et dont la rigueur contribuait à l'évasion des délinquans.

Les nombreuses prohibitions, déterminées par la loi du 10 brumaire an 5, ont survécu à tous nos gouvernemens depuis le Directoire jusqu'à nos jours, sauf quelques modifications apportées aux nankins, toiles de coton et coton filé, à diverses époques, mais qui n'ont pas empêché de replacer ces mêmes marchandises sous l'empire des prohibitions.

Dans l'état actuel des choses, les prohibitions à l'entrée, qu'on remarque dans notre tarif, dérivent en grande partie du tarif de 1791 et de la loi du 10 brumaire an 5. Celles qui suspendent la sortie de certains produits sont ordonnées principalement par le même tarif de 1791 et par la loi du 19 thermidor an 4. Elles s'appliquent généralement à des matières premières.

Telle est l'histoire sommaire de nos prohibitions.

Aujourd'hui, et depuis quelques années, les journaux, les commerçans, des gens plus ou moins éclairés, plus ou moins respectables, demandent la levée de *toutes* les prohibitions ; mais à mesure que la question s'éclaire par la discussion, on remarque que le ton absolu commence à se modérer, et que les demandes se modifient, en expliquant que la levée des prohibitions doit s'opérer lentement et sans secousses, afin de ne point porter la perturbation dans notre industrie.

M. le docteur Bowring, célèbre économiste anglais, a parcouru plusieurs fois la France, s'est approché de presque toutes nos notabilités commerciales, et a proclamé hautement ses principes, que l'on peut réduire à-peu-près à ceci : *plus de prohibitions ; un simple tarif pour niveler la valeur des produits*. En quel lieu, à quelle époque M. Bowring vient-il prêcher ces maximes? Sur tous les points de la France, en 1833 et 1834, pendant qu'un membre du parlement d'Angleterre propose de prohiber l'importation des rubans de soie français (40).

M. le docteur, vos propositions me rappellent le

(40) Dans la séance de la Chambre des Lords, du 17 juin 1834, le comte de Strautford présentait une pétition des manufacturiers et ouvriers de Coventry, et lieux circonvoisins, dans láquelle les pétitionnaires, en exposant l'état de détresse où était tombée chez eux la fabrication des rubans de soie, concluaient à la prohibition des rubans français. Le noble comte appuya de tous ses moyens la pétition, et rappela qu'en 1832, le Comité de la Chambre des Communes, chargé d'examiner le système général du commerce des soieries anglaises, s'était prononcé formellement contre l'admission des rubans français en Angleterre.

conseil que M. de Villars donna au Régent de France, au sujet de ses liaisons avec les lords Stairs et Stanhope qui étaient vos compatriotes : « Si ce sont vos amis, « disait-il au régent, selon toutes les apparences, ils « sont encore plus les amis de leur maître (41). » Vous êtes anglais, M. Bowring ; permettez-moi donc de croire que vous êtes encore plus l'ami de votre pays que du nôtre.

La levée de boucliers contre les prohibitions que l'on a remarquée en France, n'est peut-être que le retentissement, que l'écho d'un coup parti de l'autre côté de la Manche : car, il est à remarquer, que depuis quelques années, les économistes anglais prêchent chez nous la réduction des droits et la levée des prohibitions.

Ces économistes oublient apparemment que leur pays a marché dans la voie des prohibitions, tant qu'il n'avait pas acquis une supériorité bien prononcée sur l'industrie des peuples voisins ; qu'il les appuyait de peines pécuniaires et corporelles très-sévères ; que la contrebande, à la sortie des laines, entraînait, dans un tems, la perte du poignet ; que, vers 1750, celle des marchandises provenant du commerce d'Espagne était punie de mort ; que, pendant long-tems, les chevaux ne pouvaient sortir d'Angleterre qu'après avoir été coupés ; et que, de nos jours même, celui qui ferait dans leur royaume la contrebande sur les grains serait entièrement ruiné. L'Angleterre, dis-je, a adopté et suivi le système des prohibitions, tant qu'elle l'a cru nécessaire à ses intérêts ; mais dès qu'elle a pu l'aban-

(41) Anquetil. *Histoire de France*, année 1716.

donner sans inconvénient elle l'a fait, et dès ce moment seulement elle s'est vantée d'être revenue à des vues plus libérales, et elle a engagé toutes les autres puissances à l'imiter. C'est qu'elle sait qu'elle n'a plus rien à redouter sur ses propres marchés, ni sur beaucoup de marchés étrangers, de la concurrence française ; c'est qu'elle est certaine de la supériorité de ses industriels, et que la levée réciproque des prohibitions ne peut leur nuire.

Que la première voix qui a crié contre nos prohibitions soit partie de France où d'Angleterre, peu importe ; toujours est-il certain que ce cri a eu beaucoup de retentissement dans l'un et l'autre royaume. Parmi plusieurs écrits qui ont traité de cette matière, j'ai surtout distingué celui d'un membre du parlement d'Angleterre (42) qui a jugé convenable de garder l'anonyme. Il ne tend à rien moins qu'à supprimer tous les tarifs, mais pour les reconstruire sur une nouvelle base, sans soumettre les détails de ces tarifs, ni à des négociations diplomatiques, ni à des arrangemens particuliers.

Selon cet auteur, les règles fondamentales qui devraient présider à la confection des tarifs des deux nations, seraient d'affranchir de tous droits :

1° Les articles consistant en matières premières pour les opérations industrielles ;

(42) *Coup d'œil sur les avantages des relations commerciales entre la France et l'Angleterre, basées sur les vrais principes de l'économie politique*, par un membre du parlement d'Angleterre. — Paris, chez Hector Bossange, libraire, 1832.

2° Les articles indispensables à la vie.

Quant aux articles purement de luxe, ceux-là seuls seraient soumis au paiement des droits.

Voilà le principe qu'établit le noble lord. Voyons les applications.

Parmi les articles qu'il range comme matières premières ou brutes des opérations de l'industrie se trouvent les drogueries pour teinture et le fer-blanc.

« En suivant cette règle dans la formation du tarif, « continue notre économiste, on devra mettre sur le « même pied toutes les matières qui auraient reçu une « première main-d'œuvre préparatoire dans une ma- « nufacture étrangère, et qui donnerait lieu à un nou- « veau travail dans la fabrication indigène, savoir :

« Le coton filé ;

« Le lin et le chanvre en fil ;

« La laine filée ;

« Le savon ;

« La soie organsin ;

« La paille tissée et autres tissages, et toutes les pré- « parations chimiques et teintures préparées qui sont « en usage dans le commerce et dans les fabriques.

« En se conformant toujours à la règle posée ci- « dessus, dans la confection du tarif, on devra admettre « dans la même catégorie, sans paiement de droits, les « articles fabriqués ci-après, comme essentiellement « nécessaires aux opérations de l'industrie, savoir :

« Les machines et outils de toute espèce ;

« Les livres ;

« Les instrumens de science, etc.

« En suivant ensuite la seconde règle, dans la for-
« mation du tarif, relativement aux articles admis sans
« paiement de droits, viennent les articles étrangers
« indispensables à la vie, savoir :

« Les blés de toutes sortes;

« La farine;

« Le pain;

« La viande fraîche et salée;

« Le porc, le lard, etc.;

« Le poisson frais et salé;

« Le riz;

« Le sel, etc., etc.

« Pour la troisième catégorie, on doit y comprendre
« tous les articles de luxe étrangers, qui devront être
« soumis au paiement des droits, à condition pourtant
« qu'on ne puisse trouver un meilleur moyen pour sup-
« pléer aux besoins de l'État. Dans cette classe sont :

« Tous les tissus de fabrique étrangère;

« Les vins;

« Les spiritueux;

« Les sucres;

« Le café;

« Le thé;

« Le tabac;

« La bijouterie;

« La vaisselle et les ornemens d'or et d'argent;

« Les montres;

« Les meubles, etc., etc.

« . . . . Le droit de 10 p^r^ % *ad valorem*, ou
« toute autre évaluation conforme à ce taux, est le

« droit le plus fort qu'on puisse imposer convenable-« ment. »

Voilà les bases d'un tarif français, proposées par un lord anglais.

Après une citation aussi longue, je m'arrête un instant pour reprendre des forces, et de même que le piéton, fatigué d'une longue route, s'arrête, s'assied, et promène au loin derrière lui ses regards, pour mesurer l'espace qu'il a parcouru, de même je jette un instant mes regards en arrière, pour récapituler ce que propose notre économiste.

D'abord, il range parmi les matières qui ont reçu une première main-d'œuvre préparatoire, *le savon, toutes les préparations chimiques et teintures préparées.* Très-bien! Nous devons lui savoir gré de n'avoir point rangé dans cette catégorie les percales, les mousselines, les draps de toute sorte, et autres tissus; car si le savon et les produits chimiques sont des articles qui n'ont reçu qu'un travail préparatoire, il en est de même des tissus que le consommateur ne peut approprier à son usage qu'après les avoir coupés et assemblés.

Toujours sobre d'impôts, il veut affranchir de tous droits les blés et farines, les viandes fraîches et salées, le poisson frais et salé, le sel, etc., etc. Encore mieux! Ainsi, d'un trait de plume, il nous propose fort modestement d'inonder nos marchés des blés de la Baltique et de la mer Noire, de négliger l'éducation de notre bétail, d'abandonner nos pêcheries, et de combler nos marais salans. Entrevoit-on où nous conduirait l'adoption d'un tel plan?

Poursuivons.

L'auteur que j'analyse, passant aux produits que l'on peut imposer, place dans cette catégorie, d'abord tous les tissus de fabrique étrangère, puis les vins, les spiritueux, les sucres, le café, le thé, le tabac, etc., etc.; mais il ajoute que le droit de 10 p^{r} °/$_{0}$ *ad valorem*, ou toute autre évaluation conforme à ce taux, est le droit le plus fort qu'on puisse imposer convenablement. Grand merci! Moyennant un droit de 10 p^{r} °/$_{0}$, nous pourrons fermer toutes nos fabriques de tissus, abandonner les capitaux énormes qu'elles emploient, et jeter sur le pavé tous nos ouvriers; moyennant ce même droit, nous pourrons abandonner nos récoltes de vin, comme nous aurions abandonné celles de nos céréales; nous pourrons ruiner nos colonies, parce que l'Angleterre nous en a trop laissé; nous pourrons détruire chez nous une infinité d'industries; enfin, nous pourrons supprimer 46 millions d'impôt sur le tabac, comme nous en supprimerons 62 sur les sels, en suivant vos conseils.

A merveille! M. l'économiste, si nous suivons vos conseils nous verrons la liberté commerciale couler à pleins bords chez nous, et nous consommerons à bon marché. C'est très-bien! Une seule difficulté se présente, c'est qu'avec votre projet nous cesserons bientôt de produire, et qu'alors on est bien près de ne pouvoir plus consommer. Le bon marché que vous nous proposez est donc ruineux. Je crois cette réflexion vraie, et plus polie que de vous répondre, comme à M. Josse: vous êtes orfèvre.

Je ne m'expliquerai pas davantage sur les absurdités accumulées que renferment de telles propositions. J'ai eu le courage, cependant, de lire la brochure jusqu'au bout; j'ai trouvé qu'elle contient de fort bonnes maximes, mais en les rapprochant de ce qui précède, j'ai cru remarquer qu'elles ne sont là que pour faire passer l'absurde des propositions, comme est le miel dont on borde la coupe, pour mieux tromper l'enfant à qui on la présente.

Toutefois, en me rappelant que cette brochure ne désigne ni nom d'auteur, ni nom de traducteur, je me suis demandé si c'était une mystification, ou un rêve creux, ou un piége; je me suis égaré dans ce labyrinthe de réflexions, et je n'ai plus pensé à toutes ces utopies que pour en hausser les épaules.

En France aussi on demande la levée des prohibitions et leur remplacement par des droits. Ici, comme on le voit, la demande étant posée d'une manière générale semble éloigner toute exception, cependant je ne pense point que l'intention des réclamans soit de généraliser la mesure. Si toutefois, tel était leur désir, il devient nécessaire de les éclairer.

Les prohibitions en France sont motivées par des causes différentes. Les unes sont ordonnées dans l'intérêt de la santé publique, elles repoussent l'importation des médicamens composés et des substances végéto-médicinales pulvérisées. D'autres sont commandées dans des vues d'intérêt général et de sureté publique; elles défendent le commerce des poudres à tirer, des armes et des munitions de guerre. D'autres doivent garantir au gouvernement le commerce exclusif ou un impôt particulier sur certains articles, tels que le tabac, les cartes à jouer, le sel. D'autres encore sont établies par des motifs particuliers; ainsi les extraits de bois de teinture sont prohibés, parce qu'il serait très-difficile de déterminer la quantité de principe teinturant qu'ils renferment; la chicorée moulue est défendue, à cause des mélanges dangereux qu'elle peut recevoir; les étoffes de soie, mélangées d'or et d'argent faux, parce qu'on peut tromper la bonne foi de l'acheteur, en lui vendant du faux pour du fin, etc. Ayant ainsi simplifié la question des prohibitions, il ne reste en dehors que celles ordonnées dans un intérêt de protection pour nos industriels. C'est très-certainement de ces dernières seules dont on demande la suppression, c'est donc de celles-là que je vais m'occuper.

De deux choses l'une, ou l'on veut remplacer ces prohibitions par un droit prohibitif ou par un droit qui permette l'admission à la consommation.

Si la conversion en un droit prohibitif est ordonnée, il n'y aura presque rien de changé pour le consommateur, qu'il soit opulent ou peu fortuné, car l'un et l'autre achèteront au même prix qu'auparavant. Si le consommateur s'approvisionnait directement à l'étranger, la levée de la prohibition conduirait à ce changement que l'homme opulent consommerait des produits étrangers sur lesquels il acquitterait des droits élevés qui arriveraient au trésor, en déduction des charges que supportent le fabricant et l'ouvrier, et il y aurait alors une sorte de compensation pour ces derniers. Mais il n'en est pas ainsi, le consommateur ne s'approvisionne point directement à l'étranger, il achète toujours ou presque toujours chez le détaillant régnicole. Ce détaillant lui-même n'achète que fort rarement à l'étranger ; ses relations sont le plus souvent établies avec l'importateur. Mais ce dernier acquittera-t-il intégralement les droits prohibitifs? Non. Il en paiera une partie à l'assureur de la fraude, et gardera l'autre, qu'il partagera inégalement avec le détaillant. Qu'auront gagné, à ce changement de système, le trésor et le consommateur? Rien, ou presque rien. Le trésor ne recevra que fort peu de chose, et le consommateur paiera tout aussi cher qu'auparavant. Qu'auront gagné l'importateur et l'assureur de la fraude? D'abord ce qu'ils gagnaient auparavant ; de plus, de supporter, le cas échéant, une pénalité moins rigoureuse que sous l'empire de la prohibition. Voilà l'effet qu'entraînera la prohibition convertie en un droit prohibitif. Je n'entrevois, dans ce changement de combinaison, rien d'utile.

Sans doute, et il est plus rationnel de le croire ainsi, on demande l'abaissement des prohibitions, afin de les remplacer par des droits non prohibitifs. Ou les nouveaux droits seront combinés de manière à niveler sur nos marchés les prix des produits étrangers avec ceux de nos produits similaires, ou ces droits laisseront aux premiers produits une concurrence désavantageuse aux nôtres, car la difficulté de bien calculer les droits conduira à l'un de ces deux résultats.

Si les droits, comme doit le vouloir le législateur,

tendent à niveler les prix sur nos marchés, il est impossible d'en établir au-dessous de 25 p^r °/₀ de la valeur, et quelques-uns dépasseront 30, 40 et 50 p^r °/₀, surtout ceux qui s'appliqueront aux produits que l'on n'obtient qu'à l'aide de machines; et plus l'emploi de ces machines aura contribué à la confection de ces objets, plus les droits qui devront les atteindre devront aussi être élevés. Or, avec de tels droits, la contrebande se fera comme auparavant, parce que leur haute quotité tentera encore la cupidité de beaucoup de spéculateurs. L'industrie et le trésor ne gagneront donc encore que très-peu de chose à l'établissement de pareils droits et le fraudeur profitera encore d'un adoucissement dans la pénalité encourue.

Remarquons qu'en matière de tarif de douane, il ne suffit point de calculer dans quel rapport les droits doivent se trouver avec la valeur de l'objet imposé, il faut encore tenir compte de la facilité qu'il y a de soustraire la marchandise aux moyens de surveillance et de vérification, et partir de ce principe, que si la fraude s'exerce sur les objets d'un volume donné, elle s'attachera préférablement à tous ceux qui, à droit égal et sous le même volume, présenteront une plus grande valeur, et à ceux qui, à droit égal et à valeur égale ont moins de volume.

La fraude du droit de 6 p^r °/₀ récemment imposé à l'importation des montres d'or paraît, sans doute, au jugement de beaucoup de personnes, présenter moins de bénéfices que celle de 10 p^r °/₀, établie sur celles d'argent, c'est une erreur de leur part. L'homme qui aura introduit en fraude, dans la même journée, six montres d'or de la valeur moyenne de 250 fr. aura fraudé 99 fr. de droits. S'il a donné 3 fr. par montre au colporteur obscur qui l'a aidé dans son honteux trafic, il lui restera encore 81 fr. de bénéfice. Combien de montres en argent eût-il dû passer au taux moyen de 20 fr. pour obtenir le même bénéfice? 45. Il en aurait transporté 36 du prix de 25 fr. Combien de chances de saisie n'a-t-il pas évité en spéculant préférablement sur les montres d'or?

Cette réflexion m'amène à conclure que le droit de 6 p^r^ °/₀ des montres d'or, quoique insuffisant pour protéger notre horlogerie, est cependant établi avec sagesse, parce qu'en le calculant, on a tenu compte des moyens que la fraude aurait eus de s'y soustraire s'il eût été plus élevé.

Si les droits sont au-dessous de ce qu'ils doivent être pour niveler les prix, alors l'équilibre sera totalement rompu, et la balance penchera en faveur de l'étranger, parce qu'à la longue les produits qu'il importera l'emporteront sur les produits fabriqués dans le royaume. Alors l'abaissement des droits, en laissant aux produits étrangers une préférence sur les nôtres, leur permettra d'envahir nos marchés. Si les objets trop faiblement taxés sont d'une consommation étendue, indispensable, l'étranger nous en approvisionnera pour plusieurs années avant que nous ayons eu le tems de ressentir le mal, d'en apprécier toute la gravité, et d'y porter remède. Mais pendant ce tems-là, parmi les établissemens manufacturiers attaqués par cet ordre de choses, les uns auront chaumé, d'autres se seront totalement fermés : tous les établissemens accessoires des premiers se ressentiront à leur tour de cet état de langueur et d'inertie ; l'ouvrier, par la diminution ou la cessation de son travail, diminuera nécessairement sa consommation ; et comme l'effet de toutes les calamités publiques est de réagir sur le producteur agricole, bientôt il y aura prostration dans le corps social, si la misère et le désespoir ne viennent lui redonner de l'énergie par une crise violente, mais salutaire ; et, de même qu'un édifice qui pêche par sa base, s'écroule, et écrase, sous le poids de ses décombres, ceux qui l'habitaient, le réparaient et l'avoisinaient, de même on verra les désordres les plus graves succéder à la tranquillité que doit assurer le commerce lorsque aucune cause perturbatrice ne vient fortement l'ébranler. Tel serait l'effet qu'amènerait infailliblement une disproportion trop sensible entre le droit et la valeur, entre le droit et la facilité de s'y soustraire.

Certes, nous sommes loin d'être arrivés à ce terme, même d'être placés sur la route qui y conduit, ainsi la péripétie que j'expose est loin de se réaliser. Je suis loin de croire aussi qu'il fût bien nécessaire d'exposer, aux gens instruits, les effets qu'amènent les prohibitions, les droits trop élevés, et ceux insuffisans. Ce n'est point pour eux que j'écris, mais bien pour cette foule de gens qui, se faisant l'écho de quelques maximes vraies dans leurs principes, veulent les appliquer dans toutes les circonstances, pour ces gens qui ne cessent de nous répéter cet adage, depuis long-tems connu, que le bas prix étend la consommation, mais qui ne se sont jamais avisés de donner leur récolte au plus bas prix pour appliquer la maxime qu'ils prêchent.

Ayant exposé ce qu'il y a à craindre dans le remplacement des prohibitions par les trois sortes de droits que j'ai désignés, il me reste à donner mon opinion ; la voici.

Lever les prohibitions sur les espèces suivantes :

1° Les articles faciles à soustraire à la surveillance des douanes, et ceux qui renferment une grosse valeur sous un petit volume ;

2° Les tissus d'une qualité supérieure à ceux que nous fabriquons ;

3° Les eaux-de-vie que leur couleur ou une arome particulier peut faire distinguer de celles de vin.

L'admission des tissus, désignés au §. II ci-dessus, ne pourrait nullement contrarier nos fabricans puisqu'ils n'en produisent point. Penser que si le consommateur ne trouvait point sous sa main le tissu étranger, il achèterait forcément du tissu français, c'est une erreur. Le contrebandier, plus habile sur ce point que l'économiste, sait fort bien que le consommateur aisé obéit toujours à l'impulsion de son goût et de la mode ; en conséquence, il importe au mépris des prohibitions, et trouve tôt ou tard un acheteur qui ne s'informe point si le tissu provient de contrebande ou d'introduction licite. Prohiber ce que nous ne produisons point, et ce qui est recherché par les hautes fortunes, c'est une anomalie, dont les schalls de cachemire ont été long-tems la preuve. Sans doute, il n'est pas démontré que les droits fixés par le tarif seront acquittés fidèlement, mais si déjà les marchandises n'acquittaient rien à cause de leur prohibition, du moins restera-t-il au trésor la chance de percevoir des droits sur quelques importations.

Au surplus, il y aurait peut-être lieu à examiner si la pénalité, applicable aujourd'hui à la fraude des articles fortement imposés, n'aurait pas besoin d'être étendue.

Quant aux eaux-de-vie, qu'il est facile de distinguer de celles de vin, je propose leur admission, parce que leur importation toujours bornée à de petites quantités, ne sera qu'un objet de fantaisie ou de goût pour le consommateur, et ne pourra porter tort à nos distilleries, surtout si on leur applique le droit qui atteint le kirchwaser. Quelle nécessité de repousser l'eau-de-vie, dite de genièvre, tandis qu'on admet celle de cérise, qui n'est fort souvent qu'une eau-de-vie de vin aromatisée. Laissons à l'homme capricieux et à l'homme opulent le plaisir de satisfaire ses goûts et ses besoins en payant. C'est un tribut qu'il paiera bien volontiers et qui allégera celui que le pauvre paie à la sueur de son front.

Quant aux prohibitions à maintenir, leur nomenclature découle nécessairement des exceptions que je viens d'établir.

Cependant, je dois le répéter, si les prohibitions sont nécessaires pour protéger les fabriques dans l'enfance, elles deviennent inutiles lorsque l'industrie est parvenue au point de pouvoir exporter en concurrence avec l'étranger, et telle est la position de notre industrie. Les alimens de l'enfance ne conviennent pas toujours à la vieillesse.

Toutefois, je ne conseille de maintenir la plupart des prohibitions qui frappent les tissus, certains ouvrages en métal et divers autres articles, que pendant quelques années, que parce que des capitaux immenses se trouvent engagés, que parce que des habitudes sont prises, que parce que la précipitation, dans un changement de système, amènerait infailliblement une grande perturbation. Je sais que mon opinion ne sera point partagée par tout le monde, qu'elle sera peut-être combattue, peu m'importe ; il s'agit ici d'une affaire de conscience, de conviction et de devoir envers mon pays, je ne reculerai point devant l'obligation de publier mes idées au sujet d'une lutte qui s'engage entre les divers intérêts nationaux. Mais comme l'opinion d'un simple vérificateur des douanes serait bien peu de chose dans une question si majeure, j'appelle à mon aide celle d'une autorité pour m'en faire un rempart. C'est sir Robert Peel qui va parler, et ici je dirai comme Mézerai : « je n'instruis point, je raconte. »

Une pétition fut adressée, dans le commencement de 1834, de Liverpool à la Chambre des Communes, pour obtenir la liberté du commerce des grains. Sir Robert Peel répondit qu'on s'était trop habitué à parler des lois sur les céréales, comme formant une exception au système général de politique commerciale d'Angleterre, qu'elles en font partie et se lient avec tout le reste. Il prit texte de cette pétition pour développer le système des douanes de son pays, et il ajouta : « Notre tarif des

« douanes est ainsi établi. Il n'y a pas une uniformité « absolue dans les droits sur chaque espèce séparée ; « mais généralement (tel qu'il est) la faveur est accor- « dée de préférence et dans un but de protection aux « produits manufacturés sur les produits bruts. Les « lois sur les céréales forment une partie de ce système « général. Nous sommes bien convaincus qu'elles sont « impolitiques ; nous croyons que la nation, quoique « dans un état prospère, quoique la nation la plus pros- « père du monde, pourrait l'être encore davantage si l'on « eût arrêté les progrès d'un tel système. Mais le sys- « tème existe ; la fortune nationale est établie et dis- « tribuée en rapport avec ce système ; les habitudes, les « espérances, les esprits même des corporations, se sont « formés d'après lui ; car le peuple, qui a été élevé et « entraîné dans un genre d'occupation par la protec- « tion, n'est propre qu'à celui là et inhabile à tout « autre. La destruction soudaine de tout le système « aurait, nous le croyons, les plus funestes effets sur « les propriétaires, et sur ceux qui n'ont d'autre pro- « priété que leur travail. Renverser la moitié du « système actuel, sans toucher au reste, ce serait occa- « sioner plus de la moitié du mal, sans qu'il soit com- « pensé par la moitié du profit qu'on attend du chan- « gement total, et ce serait en même-tems commettre « une double injustice.

« Devrons-nous donc ainsi supporter ce système pour « toujours? Non, cette conséquence n'est pas inévitable. « Dès que l'opinion de la nation est bien prononcée sur « le vice politique du système, dès que de nouvelles

« restrictions ou prohibitions ne sont plus imposées, et « tandis qu'au contraire chaque changement dans les « droits, bien que légers en apparence, n'en diminue « pas moins d'autant l'efficacité des droits protecteurs « actuels, le système se détruit et tombera graduel- « lement sans produire un grand dommage. Si chaque « classe était disposée à faire quelques sacrifices, un « changement plus rapide pourrait avoir lieu. Mais, « jusqu'à ce qu'une telle disposition se manifeste, toute « réduction rapide de la protection qui n'affecterait « qu'une classe seulement serait violence et fraude à « la fois. »

Ce que dit Robert Peel, au sujet du tarif d'Angleterre, est en tout point applicable au nôtre: tout changement trop prompt, trop important qu'on y introduirait, produirait inévitablement une secousse convulsive dans notre manière d'être.

---

§. IX. Des tares légales.

La tare est une déduction que l'on accorde pour tenir compte du poids des sacs, caisses, futailles et autres colis dans lesquels on pèse les marchandises: elle comprend aussi les cordes, cercles et lanières qui enveloppent et consolident les colis.

Les diverses places de commerce admettent plusieurs sortes de tares; elles se réduisent toutes à celles-ci:

La *tare réelle;* elle est le poids de l'emballage isolé.

La *tare calculée;* c'est une déduction, convenue d'avance, pour le poids des enveloppes.

La *tare coutumière;* c'est une allocation, établie par l'usage, pour le poids des emballages.

La *tare moyenne;* elle est le résultat de la pesée de quelques emballages : on prend la moyenne, et le tout se tare en conséquence.

La *super tare;* c'est une seconde tare, ou allocation additionnelle, que l'on accorde lorsque la marchandise ou l'emballage excède un certain poids.

Quand la tare est déduite, le reste prend le nom de *poids net.*

En douane, il n'est accordé que deux sortes d'allocations pour le poids des emballages : la tare légale et la tare réelle.

La tare légale est celle qui est réglée par la loi ; on ne peut s'en écarter que dans le cas où l'on demande à jouir de la tare réelle.

L'art. 3 du tit. 1er de la loi du 22 août 1791 réglait que toutes les marchandises paieraient les droits au poids brut, à l'exception de 4 ou 5 espèces qu'il désignait, et des drogueries et épiceries dont le droit excèderait 20 livres par quintal (40 fr. 80 c. par 100 kilog.) La tare qu'il accordait à tous ces objets était de 12 pr % sur ceux en futailles, et 2 pr % sur ceux en paniers et en sacs.

La base arrêtée par l'article ci-dessus resta presque intacte jusqu'à la publication du tarif de 1816 qui l'adopta, et qui l'a conservée, avec de légers changemens que réclamaient quelques marchandises fortement imposées, ou qui arrivent ordinairement dans des emballages qui leur sont particuliers. Les plus importans de ces changemens sont : 1° d'avoir appliqué aux caisses la tare de 12 p^r °/₀ qui, dans le principe, n'était accordée qu'aux futailles ; 2° d'avoir statué que tout produit taxé à plus de 40 fr. par 100 kilog. ne paiera qu'au poids net ; 3° d'avoir autorisé la tare réelle, sous la condition de déclarer le poids net effectif.

Ainsi, en douane, il est des marchandises qui acquittent les droits au poids brut, c'est-à-dire sans aucune déduction de tare, d'autres les acquittent avec cette déduction.

Que le commerce admette des tares, qu'il en conserve l'usage, je conçois que cela lui est utile, parce que le négociant ne peut point payer le contenant comme le contenu, puisque celui-ci est généralement d'un prix plus élevé.

Mais ce que je ne conçois point, c'est que le législateur, en établissant un droit sur une marchandise, détermine en même-tems la tare qu'il convient de lui accorder, tandis qu'en fixant le droit auquel sera soumis tel autre article, il statue qu'il ne jouira d'aucune tare.

Je ne vois pas, en effet, quel motif peut déterminer le législateur à bonifier, à titre d'allocation pour la tare, une remise de 12 p^r °/₀ sur des toiles importées, et dont la quantité donnerait ouverture à une perception de 1000 fr., allocation qui réduit la recette à 880 fr., tandis que si la perception de 1000 fr. s'applique à de la cire brute, par exemple, aucune réduction n'est accordée. Dans l'un comme dans l'autre cas, ne doit-on pas au trésor 1000 francs? Pourquoi la toile jouit-elle d'une bonification de 12 p^r^ °/₀ que l'on n'accorde point à la cire? Le premier article mérite-t-il plus de faveur que l'autre?

On répondra, sans doute, que l'élévation des droits est la seule cause qui entraîne cette exception, mais je n'aperçois point là d'élévation de droits : 1000 francs à payer sur de la toile ou sur de la cire, c'est toujours la même somme. Ce n'est point la quantité de numéraire qu'on donne qui constitue l'élévation du droit, c'est le rapport de cette quantité à la valeur de la marchandise imposée. Ainsi, telle marchandise taxée à 10 francs les 100 kilog. est soumise quelquefois à un droit plus élevé que telle autre taxée à 20 francs, et même que d'autres marchandises imposées au net.

Je le répète, je ne vois point l'utilité d'imposer au net: 1° parce qu'il n'est pas démontré que les droits établis sur les marchandises ainsi imposées, soient relativement plus élevés que ceux qui affectent les objets taxés au brut.

2° Parce qu'il était tout aussi facile au législateur d'imposer telle marchandise, la mercerie commune, par exemple, à 100 fr. les 88 kilog. net, ou à 88 fr. les 100 kilog. brut, ce qui n'eût presque rien changé au revenu du trésor.

3° Parce que l'allocation d'une tare quelconque tend à diminuer la surtaxe due par le navire étranger.

4° Parce que la même allocation tend à rendre défectueux les états de balance du commerce.

5° Enfin, parce que.......

S'il est démontré que les marchandises imposées au net ne le sont proportionnellement pas plus que les autres, pourquoi ne pas tout imposer au brut, ou bien, si l'on veut un mode plus rationnel, pourquoi ne pas tout imposer au net, sans distinction de quotité de droits?

Je sens combien ces deux propositions paraîtront extraordinaires aux personnes pliées sous le joug de l'habitude, et aux yeux desquelles les idées nouvelles présentent toujours un côté ou faux ou impraticable; mais je n'en persiste pas moins à les proposer.

La loi du 22 août 1791 qui, quant aux tares, servit de complément au tarif de la même année, commit plusieurs fautes: elle n'alloua aucune tare aux caisses, elle ne permit de déduire les doubles emballages qu'à l'égard des futailles, elle ne tint aucun compte de la grosseur des colis, et elle ne s'occupa nullement de la pesanteur spécifique des marchandises. Depuis lors, il a été rémédié aux deux premières imperfections, mais les deux autres sont restées dans leur plénitude.

Si toutes les marchandises avaient la même pesanteur spécifique, il serait fort aisé d'approcher d'une tare qui convînt à la généralité des colis, en la graduant selon le poids des mêmes colis. Mais la nature a disposé autrement des choses, et s'il arrivait que deux objets d'une pesanteur spécifique égale fussent renfermés dans des caisses ou futailles de même contenance, il pourrait encore se faire que la tare fût très-inégale à cause de la qualité du bois qui constituerait ces colis.

La grande difficulté, dans un règlement concernant

les tares, vient donc de l'inégalité de pesanteur spécifique, de l'inégalité du volume des colis, et de la qualité du bois dont ceux-ci sont faits.

Sous l'empire du tarif de 1791, il n'y avait pas grand inconvénient à exécuter le règlement de tare qu'il prescrivait, parce que peu de marchandises acquittaient au net; mais aujourd'hui, que la nomenclature des objets ainsi taxés s'étend à tout ce qui doit plus de 40 francs, il y a nécessité de rechercher un mode plus équitable.

Il est inutile de chercher une tare qui convienne à toutes les marchandises et à tous les colis de différentes grosseurs; c'est une chose aussi difficile à trouver qu'un diviseur commun qui, en matière de jaugeage de navires, convienne à tous les genres de construction: il faut donc savoir se résigner et se résoudre à adopter une espèce de côte mal taillée qui lèse le moins d'intérêts possible. Tel est le but où doit tendre l'administration qui, dans l'intérêt de tous, doit procéder largement et avec célérité; car l'économie de tems n'est pas moins précieuse au commerce que l'économie de frais.

Je me suis occupé quelquefois de cet objet, et une longue expérience m'a démontré que la tare de 12 p^{r} %. convient parfaitement aux futailles de 250 à 350 kilog. qui renferment des marchandises d'une pesanteur spécifique à-peu-près égale à celle de l'eau; qu'elle est trop faible pour les mêmes marchandises en futailles d'un plus petit volume, et, par conséquent, avantageuse à celles contenues dans des futailles d'un plus gros volume.

En partant de cette remarque, on pourrait, je pense, régler ainsi les tares :

Marchandises	lourdes	en caisses ou futailles	de 150 kilog. ou moins	10 p. %
			de plus de 150 kil..	8 p. %
		autres colis............		2 p. %
	légères	en caises ou futailles	de 150 kil. ou moins	14 p. %
			de plus de 150 kil..	12 p. %
		autres colis............		2 p. %

Seraient rangées parmi les marchandises lourdes, celles d'une pesanteur spécifique au-dessus de celle de l'eau ; les autres marchandises seraient réputées légères.

La première classe comprendrait donc les métaux bruts et ouvrés et leurs oxides, les minéraux, les sels chimiques, la nacre de perle, les dents d'éléphant, les produits de l'industrie dans lesquels les métaux forment la partie principale, etc., etc.

Certainement, la distribution que je présente n'est point parfaite, et je suis loin de la considérer comme telle ; mais du moins est-elle plus rationnelle que celle admise actuellement, et si l'on adoptait celle que je propose, il ne resterait à régler que quelques tares exceptionnelles en faveur du petit nombre de marchandises qui réclament un régime particulier, telles seraient la manne, le suc de réglisse, les huiles essentielles, les eaux médicinales et de senteur renfermées dans des estagnons ou du verre, l'indigo, etc., et on laisserait toujours au commerce la faculté de faire tare réelle, quand il le jugerait convenable à ses intérêts.

Du tarif actuel et des modifications à lui apporter.

J'AI démontré que nos tarifs, depuis Louis XIV jusqu'au 17 pluviôse an 13, tendirent constamment à favoriser l'importation des matières premières, et à faciliter l'exportation de nos produits fabriqués ; que le gouvernement impérial, pressé par les besoins que commandaient des armemens formidables, fut obligé d'élever considérablement les impôts ; que la restauration, pressée également par une dette énorme à liquider en présence des baïonnettes étrangères, se trouva dans l'impossibilité de modérer les impôts ; que de là résulta l'élévation des droits portés au tarif de 1816, parmi lesquels on en remarque qui excédaient 250 p^r °/₀ de la valeur.

Ceux qui ne regardaient que comme temporaires les charges imposées en 1816, étaient loin de soupçonner qu'au paiement de 700 millions réclamés par l'étranger, succèderaient le vote d'un milliard d'indemnités en faveur d'une très-petite fraction de la nation, la large munificence de la liste civile, un grand luxe de places nouvelles et de hauts traitemens, et plusieurs autres prodigalités.

Un pareil état de choses ne permit point de réduire, autant qu'il l'aurait fallu, les impôts élevés que nécessitèrent les deux invasions de 1814 et 1815, et le tarif resta à-peu-près tel qu'il avait été dressé, sauf quelques réductions ordonnées forcément, à l'égard de diverses épiceries et denrées coloniales qui, beaucoup trop imposées, étaient constamment un objet de fraude.

C'était assez des droits établis en 1816, sans renchérir sur le tarif de cette époque, en augmentant les droits d'entrée sur les bestiaux, le lin, le chanvre, le fer, la houille, le suif, la laine. A cette faute se sont jointes, celle de ne point lever quelques prohibitions inutiles et celle de trop favoriser l'exportation de quelques articles qui tendent au développement de l'industrie chez l'étranger.

L'adoption d'un tel système devait tôt ou tard exciter des réclamations; elles se sont fait entendre, elles ont eu un retentissement qui a vibré dans tout le royaume. On demande plus qu'un changement de tarif, car on veut un changement complet de système.

Examinons la position commerciale et industrielle de l'époque : cette digression ne sera point hors de propos.

Toutes les puissances de l'Europe tournent leurs vues vers le développement de leur culture, de leur industrie et de leur commerce. C'est un besoin pour elles, elles doivent le remplir, et la force des choses les porte à utiliser les ressources que leur offrent un sol plus ou moins fertile, des produits plus ou moins exclusifs, un génie plus ou moins actif. C'est chez elles le fleuve de l'industrie qui s'enfle, grossit et va se déborder, malgré les digues que les puissances rivales veulent lui opposer. Chaque peuple, bien aise d'accroître ses jouissances, dirige sa culture vers les objets les plus convenables à son sol, comme son industrie vers les objets qu'il lui convient de façonner. L'industrie cherche à s'équilibrer, et les peuples, honteux de leur ancienne stupeur, sourient à l'idée de pouvoir utiliser tout ce que leur présentent leur sol, leur localité et les circonstances. Ce fait est incontestable.

Le Nord, borné à quelques produits bruts, et sans colonies, sera long-tems encore tributaire du Midi. Un climat rigoureux et de longues nuits d'hiver ne lui permettront point de lutter avec avantage contre les pays méridionaux. Ce n'est qu'à force de travail et que par des moyens artificiels qu'il pourra lutter.

Le nord de la France fera plus de progrès que l'extrême nord de l'Europe. Les produits sont plus variés, le climat est moins rigoureux, le peuple est plus intelligent, plus apte à jouir des bienfaits d'une sage liberté. Le système des douanes prussiennes activera le développement de leur industrie en facilitant les communications, et en ne rendant plus étrangères les unes aux autres de vastes provinces et même des royaumes.

Le centre de l'Allemagne a fait de grands progrès dans l'art de tisser, et dans la fabrication des produits chimiques. Ses manufactures ne sont point placées plus désavantageusement que les nôtres relativement aux ports d'arrivage.

La Suisse fabrique avec perfection le coton et les soieries. Sa concurrence nous est désavantageuse sur un grand nombre de marchés étrangers. La sobriété de ses ouvriers contribue à maintenir leurs prix de journée à un taux moins élevé que chez nous. Mais cette puissance, enclavée dans les terres, sans port de mer, sera souvent tributaire des nations qui l'entourent.

*

Les puissances méridionales de l'Europe commencent à soulever le voile épais de l'ignorance, et à voir un nouveau jour briller à leurs yeux. A mesure que le pouvoir du clergé diminue, que le nombre des fêtes se restreint, que le peuple travaille pour lui, et non pour des moines indolens et avides dont la maxime est de toujours recevoir et de ne jamais donner; à mesure que l'instruction s'introduit chez eux, ces peuples sobres, tempérans, sous un climat heureux, au milieu de terres fertiles, étendent leurs jouissances en s'appliquant au travail.

Le Portugal, traité jusqu'à ce jour, sous le rapport commercial, comme une province anglaise, est et sera encore pendant quelque tems sans industrie. Il doit ce malheur au traité de Méthuen qui le débarrassait, il est vrai, de ses vins, mais qui l'inondait des produits manufacturés anglais.

L'Espagne, en proie à une guerre intestine, n'est pas prête à voir la tranquillité renaître chez elle. Le cratère du volcan qui la mine peut se fermer, mais il restera encore ce roulement sourd et terrible qui, dans ses secousses, ébranle le pays. L'Espagne ne trouvera la paix qu'après une grande régénération. Quand et comment l'éprouvera-t-elle? Je l'ignore.

Ce royaume renferme des fabriques dans tous les genres, mais insuffisantes aux besoins de sa consommation. Une mauvaise administration gouvernementale, l'absence de chemins et de canaux, des routes peu sures, des priviléges qu'on n'ose violer, des droits dont le clergé ne veut point se dessaisir, et bien d'autres causes arrêtent les progrès dans ce pays. La province de Catalogne, par contre coup, en a fait d'étonnans. Les métiers de toutes sortes s'y multiplient sur tous les points, depuis la paix, et ce qu'il y a de plus malheureux pour notre industrie, ces métiers sont achetés chez nous; erreur de principe bien funeste à notre industrie!

En somme, l'Espagne, malgré tous les élémens de prospérité qu'elle renferme, par la beauté de son climat, la fertilité de ses terres, la variété des produits qu'elle peut récolter en vins, fruits, cotons, soie, huile, carthame, quelques denrées coloniales, etc.; malgré ses nombreux troupeaux, parmi lesquels on remarque la race pure ou croisée des mérinos, qu'elle a répandue dans toute l'Europe; malgré les beaux ports qu'elle possède sur deux mers opposées; malgré les grands fleuves qui l'arrosent; et malgré le concours d'autres avantages, l'Espagne, dis-je, ne peut de long-tems nuire essentiellement à nos manufactures; mais ce qu'elle fabrique est autant de perdu pour nos débouchés.

A l'est méridional de la France se présentent les États de Sardaigne, de Toscane, de Rome et des Deux-Siciles.

Le royaume de Sardaigne possède, dans l'île de ce nom, un pays nullement manufacturier, et dont les grands produits se bornent à de l'huile, des peaux, du liége, des fruits, et un peu d'alquifoux. La partie de ce royaume sur le continent, composée de la Savoie, du Piémont et du ci-devant pays de Gênes, est également peu manufacturière. Le riz, la soie, l'huile, des bois merrains et des fruits forment les principaux produits bruts du pays. Les produits ouvrés, si l'on en excepte les velours de soie, ne peuvent lutter contre les nôtres.

La Toscane et les États romains ne doivent nous porter aucun ombrage sous le rapport industriel.

Le royaume des Deux-Siciles se présente sous un aspect bien différent. Sa construction maritime, encouragée par des primes, a fait sortir de ses chantiers de beaux navires; sa navigation, bornée autrefois à la Méditerranée, s'étend, depuis peu d'années, jusque dans le Nouveau-Monde; elle porte directement, dans cette nouvelle terre, les produits de ses récoltes qui, passant autrefois par nos mains, nous laissaient des bénéfices, et elle rapporte, des mêmes pays, des produits qu'elle tirait précédemment de nos entrepôts. L'excédant des importations du Nouveau-Monde dans ce royaume est déversé dans les États romains, et ailleurs, en déduction de ce que nous leurs fournissions avant le nouvel état de choses. Ce petit royaume, tributaire de nos raffineries de sucre, cessera bientôt de l'être, si ses expéditions au Brésil prennent un peu plus d'importance, et la même contrée fournira un aliment à ses tanneries.

Le même royaume crée des lazarets aux portes de sa capitale. Il encourage la culture et l'industrie par tous les moyens possibles. Il a fait une exposition publique des produits de ses manufactures, en juin 1834, dans laquelle on a remarqué que les étoffes de soie de Catania et de Saint-Leucio rivalisaient déjà avec les plus belles soieries de Lyon.

La plupart de ses fabriques, dirigées par des étrangers, ont dépassé les espérances qu'on avait conçues de leur établissement.

Riche en coton, en laine et en soie, ce royaume renferme chez lui tous les élémens du travail. Avant 1808, il produisait à-peine quelques milliers de balles de coton; la récolte de ce filament dépassa, en 1812, 30,000 balles. Mais abandonnée en partie depuis la paix, à cause des Anglo-Américains et de l'Égypte qui en fournissent abondamment les marchés européens, elle n'a repris quelque importance que depuis que le tissage des cotons s'est développé dans ce pays.

Les soies de ce royaume sont d'un lustre éclatant, ce qui les fait rechercher par l'Angleterre, la Russie, l'Allemagne, la Suisse et la France. Elles doivent cet avantage à la pureté de l'air et à la qualité particulière des mûriers. Deux récoltes de cocons ont lieu sans recourir aux moyens artificiels qu'un tout autre climat réclamerait, et l'on évalue que la récolte des soies y dépasse celle qui a lieu dans le royaume Lombardo-Vénitien où l'exportation seule est évaluée à 80 millions de francs.

Possédant abondamment, et en bonnes qualités, le coton, la laine et la soie, ce royaume devait tôt ou tard sortir de son état d'apathie, et chercher à utiliser les richesses qu'un ciel libéral et une terre féconde lui livrent: c'est ce qu'il a fait. L'impulsion étant donnée par quelques régnicoles éclairés, le gouvernement l'a secondée par un tarif raisonné, en 1824. Les fabriques de tissus, encouragées par des droits protecteurs, se sont multipliées et ont perfectionné leur travail, effet inévitable de la concurrence. Des fabriques modèles, spécialement protégées par le gouvernement, ont été établies sur plusieurs points. Des fabricans de drap du Languedoc, qui avaient des dépôts à Naples, ne pouvant plus lutter contre les fabriques du pays, ont fini par y importer leur industrie et leurs capitaux. Alors, toutes les belles laines de Pouille et de Basilicate, repoussées de chez nous par un droit de 33 p[r] °/₀, ont été employées sur le pays-même, et ont cessé de former une branche importante d'exportation. Ces laines ayant cessé de suffire aux besoins du pays, on y a importé de Suisse des mérinos purs et croisés, qui s'y sont parfaitement acclimatés, et ont amélioré les qualités du lainage.

Les soies sont moulinées et préparées sur les lieux. La fabrication de celles à coudre s'y est considérablement perfectionnée et étendue, et forme en ce moment une riche branche d'exportation pour les États-Unis d'Amérique.

La fabrication des tissus de soie a fait aussi de grands progrès; mais malgré la bonne qualité des soies employées, malgré les avantages qu'offre leur bas prix, ce pays est encore loin de suffire à ses besoins, et sera, pendant quelques années, sous notre dépendance, surtout pour les rubans et les ouvrages de fantaisie.

Si l'impulsion a été donnée, dans le royaume de Naples, par des capitalistes régnicoles, elle a aussi été étrangement favorisée par des étrangers suisses et français. Parmi ces derniers qui ont contribué à ce développement, se rencontrent au premier rang M. Ternaux, pour la draperie, qui a créé un riche établissement à Solmona, dans les Abruzzes; MM. Didot, Bérenger et Lefebvre, pour les papéteries; ce dernier, pour l'imprimerie, etc.; de sorte que ce royaume est passé de l'état de consommateur à celui de producteur sans traverser l'enfance de l'art, sans arriver en tâtonnant à son but, car il a trouvé, rangés sous sa main, les capitaux, les ouvriers, les directeurs d'entreprises, et les machines perfectionnées. Aussi, dans l'espace de moins de 15 ans, a-t-on vu surgir et prospérer plusieurs industries, parmi lesquelles on remarque la chapellerie, la ganterie, l'imprimerie, les papéteries, des tanneries, des tissus de toute espèce, des verreries, etc.

Voilà l'effet qu'ont amené, dans ce royaume, des droits protecteurs, établis par le tarif de 1824, sur certains tissus, sur des fabrications étrangères, sur les peaux préparées, le coton filé, etc.

Tout le nord de l'Afrique, excepté l'Égypte, est, en fait d'arts et d'industrie, dans une enfance complète. Quelques peaux maroquinées, et autres articles de moindre importance, sont la seule industrie qu'il possède. Sans marine marchande, sans constructeurs, sans fabriques, étrangers à tous les arts, soumis au monopole des chefs de l'État, qui font exclusivement le commerce, notre industrie n'a rien à redouter de longtems de ces peuples.

L'Égypte n'est guère plus avancée dans les arts. Ceux qu'on y cultive sont exercés par des Européens. Mais l'impulsion est donnée à ce pays, des écoles en plusieurs genres s'y multiplient, des établissemens utiles s'y créent, et des machines de toute espèce s'y importent; sa jeunesse vient étudier en Europe les mathématiques, la médecine, la législation, l'art de la guerre, et elle reprend chez nous l'usufruit des biens dont l'ancienne Égypte enrichit la Grèce, aux tems de Solon et de Pythagore. La fertilité de son sol, un fleuve qui l'arrose et la féconde dans presque toute son étendue, sa position topographique, unique dans le monde, tout concourt pour faire de cette contrée le pays le plus commerçant. Que lui manque-t-il? Que le Pacha y proclame la liberté du commerce, en renonçant pour lui-même au monopole. C'est un pays dont il convient d'étudier et de suivre les progrès.

Les États du Sultan sont, sous le rapport de l'industrie, ce qu'ils étaient il y a trois siècles, et justifient ce que la czarine Catherine II disait de la Turquie: « que « l'ignorance chez les Russes est celle de la première « jeunesse, et l'ignorance chez les Turcs celle d'une « vieillesse imbécile (43). » Nous livrer à bas prix toutes ses matières brutes, nous acheter les produits d'outremer et ceux manufacturés, et laisser voiturer les uns et les autres par des navires étrangers, telle est la position où ont jeté la Turquie l'ineptie de ses visirs (44),

(43) RULHIÈRE. *Histoire de l'anarchie de Pologne et du démembrement de cette république*, tom. 3, liv. 11, pag. 368.

(44) L'ineptie du Divan était telle, en 1770, que l'ambassadeur de France à Constantinople ne put faire comprendre aux visirs qu'une escadre russe armait dans la mer Baltique et le golfe de Finlande pour se rendre dans la Méditerranée. Une carte à la main, un visir, montrant St-Pétersbourg, disait: « Enseignez-

sa religion, un tarif faible qui admet indistinctement tous les produits étrangers, et surtout, le despotisme des gouvernans (45).

Quant à l'Angleterre, le chapitre qui concerne cette puissance serait long, si j'avais à établir un parallèle entre ce royaume et le nôtre.

Cette puissance qui, vers le milieu du 17me siècle, n'avait aucun établissement hors de chez elle, si ce n'est les îles de Jersey et Guernesey, la ville de Dunkerque, qui était pour elle comme une tête de pont jeté sur la Manche; cette puissance, dis-je, s'empara, en 1654, de la Jamaïque sur les Espagnols, et obtint du Portugal, quelques années après, la cession de Tanger en Afrique et de Bombay en Asie. Ainsi, en moins de 10 ans, la Grande-Bretagne eut des points d'appui dans les quatre parties du monde.

« nous comment une flotte peut arriver de là jusqu'ici. Jamais « il n'y a eu de Russes au midi, nous ne pouvons les craindre « qu'au septentrion. » Quand on sut, dans l'Europe entière, que la flotte russe avait passé le Sund, nouvel avis donné par le même ambassadeur. « Qu'est-ce que le Sund ? » demandèrent les ministres ottomans; et quand on le leur eut expliqué, ils répondirent par des risées. Même incrédulité, quand la flotte arriva en Angletterre. Ils ne crurent, enfin à l'arrivée de la flotte que sur l'avis officiel de la descente des Russes dans le Péloponèse, et alors, se rappelant tardivement l'avis donné par le même ambassadeur, de veiller sur cette province, ils admirèrent ses grandes connaissances en astrologie.

RULHIÈRE. *Ouvrage déjà cité*, tom. 3, liv. 11, p. 398 et 399.

(45) Quand les sauvages de la Louisiane veulent avoir du fruit, ils coupent l'arbre par le pied et cueillent le fruit. Voilà le gouvernement despotique.

MONTESQUIEU. *De l'esprit des lois*, liv. 5, chap. 13.

Par le traité d'Utrecht (11 avril 1713), l'Espagne lui assura la possession de Gibraltar, dont elle s'était emparée en 1704. La France lui céda la baie d'Hudson, ainsi que l'Acadie ou la Nouvelle-Écosse, et la pêche exclusive sur les côtes de cette dernière province, et déclara renoncer, en faveur de l'Angleterre, à la possession de l'île de Terre-Neuve et des îles adjacentes, à celle de St-Christophe, etc., etc.

Ces conquêtes, qui livraient à la Grande-Bretagne une vaste étendue de côtes, dans l'Amérique septentrionale, et qui la rendaient maîtresse de la pêche au banc de Terre-Neuve, avaient été précédées d'une autre conquête, bien autrement importante ; c'était celle d'un grand nombre de ses co-religionnaires, persécutés en France après la révocation de l'édit de Nantes. Cette intolérance fit passer chez elle, et en Hollande, des ouvriers, des capitalistes et des généraux, qui y portèrent leur industrie, leur fortune, leur bravoure, et, presque tous, leur haine contre la France.

A cette mesure impolitique de Louis XIV, et malheureusement adoptée par la régence et sous le règne de Louis XV, succédèrent la corruption du cardinal Dubois qui, vendu à l'or de l'Angleterre, influa sur les déterminations du Régent, et l'inertie du cardinal Fleury qui, cédant trop aux désirs de l'Angleterre et à des vues d'économie, laissa tomber notre marine militaire.

L'indolence de Louis XV, qui laissa flotter les rênes de l'État dans les mains de Ministres choisis ou influencés par des maîtresses, amena le traité le plus ignominieux auquel la France ait souscrit, depuis celui de Brétigny (46).

Par le traité de Paris (10 février 1763), la France restitua à la maison régnante d'Angleterre son électorat de Hanovre, renouvela la cession faite, par le traité d'Utrecht, de l'Acadie ou Nouvelle-Écosse, et céda en outre à l'Angleterre le Canada et ses dépendances, peuplés de Français, l'île du Cap-Breton (47), et toutes les autres îles dans le golfe et le fleuve St-Laurent, avec clause que les Français ne pourront pêcher dans le golfe qu'à trois lieues des îles, et hors du golfe qu'à quinze lieues du Cap-Breton. Les pêcheurs français, est-il dit dans ce traité, pourront barraquer et sécher leur poisson dans les îles de St-Pierre et de Miquelon, que leur cède l'Angleterre, mais sans pouvoir y élever de fortifications. L'Angleterre dut posséder la Grenade et les Grenadins, les îles Caraïbes, de St-Dominique, de St-Vincent et de Tobago. Les fortifications de Dunkerque durent être démolies, et le port comblé; conditions plusieurs fois imposées par l'Angleterre, et plusieurs

(46) C'est encore l'Angleterre qui nous arracha ce fatal traité, signé le 8 mai 1360, en vertu duquel la France lui céda, en toute souveraineté et sans hommage, plusieurs provinces; plus, en souveraineté, mais avec hommage, divers villes, forts et châteaux, et devait payer en outre trois millions d'écus d'or, pour la rançon du roi Jean II, fait prisonnier à Poitiers.

FROISSARD. *Ouvrage cité*, liv. 1, chap. 212.

(47) La pêche de la Morue, qui se faisait dans ces parages avant la guerre, occupait plus de 500 navires de Bayonne, de St-Jean de Luz, du Hâvre de grâce, et d'autres ports. Cette pêche produisait 3,000 tonneaux de graisse de poisson, occupait plus de 10,000 hommes, et faisait circuler plus de 10 millions.

fois acceptées par la France. L'Angleterre garda le Sénégal en Afrique, mais nous abandonna l'île de Gorée, possession stérile, sans eau, qui nous laissait sans commerce avec l'Afrique. Les possessions anglaises et françaises sur les côtes de Coromandel, de Malabar, du Bengale, et dans toutes les Indes orientales, devaient être remises à ceux qui les possédaient avant la guerre, sous la condition que la France n'y enverrait aucunes troupes.

Par le même traité, l'Espagne restitua à l'Angleterre l'île de Minorque et le Port-Mahon, qu'elle lui avait déjà cédés par le traité d'Utrecht, et renonça à ses prétentions à la pêche de Terre-Neuve.

Ce n'est pas tout : par un de ces détours que la diplomatie emploie quelquefois pour dorer les chaînes des vaincus, la France cède à l'Espagne la Louisiane, en échange de la Floride et de la baie de Pensacola qu'elle rétrocéda, par le même traité, aux Anglais, qui jouirent en outre du droit de couper du bois de Campêche dans la baie de Honduras.

Pour mieux s'assurer ses nouvelles acquisitions, l'Angleterre eut la précaution de faire rappeler nommément, dans ce traité de Paris, ceux de Westphalie, de Nimègue, de Riswick, d'Utrecht, de Bade, de la triple et quadruple alliance, de Vienne et d'Aix-la-Chapelle.

Ainsi, l'Angleterre dont le pavillon, à la paix de Westphalie (1648), ne flottait, hors de chez elle, que dans les îles de Jersey et de Guernesey, possédait, environ 115 ans après :

En Europe, les mêmes îles de Jersey et de Guernesey; Gibraltar, porte de la Méditerranée; l'île de Minorque, que rendait précieuse le Port-Mahon; et elle avait obtenu que Dunkerque serait remis dans le même état qu'au traité d'Utrecht, c'est-à-dire, démantelé.

En Asie, le port de Bombay, que lui avait cédé le Portugal; l'île de Salcette; le fort David; la ville de Guadelour; le fort St-Georges; le Bengale, avec la ville de Calcutta; Madras; le fort William; Bancouli; Seringapatan, dans le Décan, etc.

En Afrique, l'île de Ste-Hélène; les forts et les comptoirs dans les rivières de Sénégal et de Gambie, remontant à plus de trois cents lieues dans les terres, et quelques forts sur les côtes de Guinée.

En Amérique, l'Anguille; Antigoa; Bahama; la Barbade; la Barboude; les Bermudes; St-Christophe; la Dominique; la Grenade et les Grenadins; la Jamaïque; Montferrat; Newis; St-Vincent; les côtes du continent septentrional, depuis la Caroline jusqu'à l'Acadie; presque toutes les îles de ces mers; le Canada; la baie d'Hudson; et le privilége de couper des bois dans la baie de Honduras.

Ses possessions dans l'Amérique réunissaient toute la portion de côtes qui s'étend depuis la rive gauche du Mississipi jusque sous le pôle: possessions immenses qui lui assuraient des richesses bien préférables à celles de convention, puisqu'elles consistaient en denrées et en produits recherchés par les manufactures, qu'elle pouvait extraire de l'intérieur, au moyen de nombreux fleuves navigables.

Voilà ce que possédait l'Angleterre, dès avant 1763. Depuis lors, continuant à marcher sur les traces de l'ancienne Rome, qui ne faisait jamais reculer le dieu Terme, elle a augmenté ses nombreuses possessions de celles de Malte, et pour ainsi dire, de Corfou ; de l'Ile-de-France, possession dont elle appréciait toute l'importance, sous le double rapport de son utilité et de la privation que nous ressentirions de sa perte ; elle a conquis le Cap de Bonne-Espérance, qui lui donne quatre cents lieues de côtes, en Afrique ; elle s'est agrandie, dans l'Inde, d'environ seize cents lieues carrées de terrain, conquis sur les Birmans ; et elle vient, tout récemment, de s'emparer, malgré les réclamations de la république Argentine, des îles Falckland ou Malouines, conquête qui la rend maîtresse de la pêche au cap Horn, comme le Cap de Bonne-Espérance la fait dominer sur la terre des Hottentots. Enfin, pendant que la paix laisse reposer l'Europe, elle négocie, tantôt avec souplesse, tantôt avec audace, pour obtenir en Chine des concessions en faveur de son commerce.

Je n'ai rien dit, jusqu'à ce moment, de la Nouvelle-Galle du sud, plus connue sous le nom de Nouvelle-Hollande. Ce n'est ni une île, ni un royaume, que l'Angleterre s'est appropriée, c'est le continent entier de l'Australie, dont la surface est plus grande que celle de l'Europe. La prise de possession de ce continent date du 18 janvier 1788. Depuis lors, plusieurs villes y ont été bâties ; on y a découvert diverses variétés de marbre, du cuivre, du plomb, l'ardoise, la pierre de taille, l'arsénic, la chaux, le granit, la pierre meulière, la terre à porcelaine, et la houille et le fer en abondance. La végétation, belle comme dans une terre vierge, y produit presque tous les végétaux des deux hémisphères; les troupeaux y ont prospéré; toutes les espèces d'oiseaux domestiques s'y sont acclimatées; la pêche de la baleine et des phoques y est très-productive. L'abondance des eaux, la beauté des lacs, la sureté des hâvres, une rivière d'environ quatre cents lieues, en grande partie navigable, sa position entre les deux caps méridionaux de l'Afrique et de l'Amérique, tout concourt pour rendre cette contrée la plus importante des possessions anglaises.

Remarquons que la Grande-Bretagne prit possession de cette vaste contrée à l'époque où les États européens, fortement préoccupés des événemens majeurs qui allaient se passer en France, étaient loin de jeter leurs regards sur les antipodes du théâtre politique qui fixait leur attention : l'expédition d'ailleurs de quelques bannis, de quelques *convicts*, écume de la civilisation, leur aurait paru d'un bien médiocre intérêt. Et pendant que les mêmes États, ébranlés du renversement de la plus ancienne de leur dynastie, voyaient la France saper les bases du gouvernement monarchique pour y substituer la démocratie ; pendant qu'ils s'armaient et s'apprêtaient, comme les héros de Milton, à se porter des coups de géant, qu'ils retentissaient du bruit des batailles, du tumulte des camps et d'une inquiétude sourde qu'amenaient de nombreuses réformes, la Grande-Bretagne, persévérante dans son plan de création, cherchait à remplacer, loin de l'orage politique, par une conquête inaperçue, la perte de ses provinces dans l'Amérique septentrionale ; et, lorsque la paix de 1814 vint révéler au monde qu'il s'était agrandi d'une cinquième partie, chacun, dans son étonnement, en demanda le nom, l'importance, et où elle se trouvait.

Remarquons encore qu'à la possession de l'Australie s'est trouvée rattachée celle d'une infinité d'îles plus ou moins importantes, dépendantes des vastes archipels qui constituent l'Océanie.

« Aujourd'hui que l'envahissement de la Nouvelle-« Galle est consommé, dit un auteur moderne (48), les « publicistes anglais reconnaissent que le but du cabinet « de St-James a toujours été de n'avoir, en cas de guerre, « aucun ennemi assez puissamment établi dans cette « partie du monde pour harceler ses colonies et détruire « son commerce. Ils proclament hautement que le « devoir de l'Angleterre est de planter son étendard sur « tous les points du globe non encore occupés. Cet avis « n'est pas demeuré sans effet, et l'on peut à-peine « suivre les rapides progrès de la plus envahissante « puissance. »

En récapitulant ce que je viens de dire sur les nombreuses possessions de la Grande-Bretagne, on remarque : 1° qu'elle a des établissemens dans les cinq parties du monde ; 2° que leur importance et leur rapprochement leur permettent de se prêter un mutuel appui ; 3° que la variété de leurs produits est pour cette puissance une grande source de richesses ; 4° qu'un navire

(48) ERNEST DE BLOSSEVILLE. *Histoire des colonies pénales de l'Angleterre dans l'Australie*, pag. 500.

anglais, partant de la métropole pour faire un voyage de circumnavigation, rencontrerait toujours sur sa route des possessions nationales. Il trouverait d'abord les îles de Guernesey et de Jersey, puis Gibraltar, le Sénégal, des comptoirs sur la côte d'Afrique, Ste-Hélène, le Cap de Bonne-Espérance, l'île Maurice. Arrivé là, en dirigeant sa proue vers les Indes orientales, il rencontrerait de nombreux comptoirs dans ces contrées; en la dirigeant vers l'Océanie, il y trouverait l'Australie, la Tasmanie ou terre de Van-Diémen, l'île de Norfolck et les nombreuses îles répandues dans la Mélanésie, la Micronésie et la Polynésie, puis les îles Falckland, les possessions dans les Antilles, Terre-Neuve, le Canada, etc., etc.; 5° qu'elle a rélégué notre pêche aux stériles rochers de St-Pierre et de Miquelon, en nous interdisant la pêche à plus de 15 lieues du Cap Breton.

Ce que je n'ai point dit, c'est que l'Angleterre, excessivement jalouse de son droit de pêche exclusive, a refusé quelquefois avec rigueur l'hospitalité à des navires étrangers. Au rétablissement de la paix, un navire, appartenant au commerce de Bordeaux, envoyé à la pêche dans le détroit de Bass, et contraint par une tempête de relâcher au port Jackson (dans l'Australie), reçut du gouverneur l'ordre de s'éloigner sur le champ de la Nouvelle-Galle, sous peine d'être arrêté avec son navire et son équipage, et, malgré l'intervention la plus pressante du capitaine Baudin, chef de l'expédition de découvertes aux terres australes, qui se trouvait alors dans ces parages, ce navire fut obligé de quitter la rade et de se réfugier sur un point de la côte, sans abri, où une tempête et un naufrage engloutirent les deux tiers des matelots français (49).

Si j'avais encore quelques réflexions à présenter sur la puissance maritime de l'Angleterre, je ferais remarquer que maîtresse, dans la Méditerranée, de Gibraltar, de Malte et de Corfou, il lui sera toujours facile de forcer Mahon et Navarin lorsqu'elle le jugera convenable à ses intérêts.

Quant à sa puissance industrielle et commerciale, attendu qu'il est généralement reconnu qu'elle a devancé et surpassé en industrie toutes les nations, je me dispense d'entrer dans aucun détail à ce sujet. J'ajouterai seulement aux diverses réflexions éparses dans cet opuscule, qu'à l'égard des soieries et de quelques objets de goût, elle est restée en arrière de la France.

Des possessions si nombreuses, si étendues, si variées dans leurs produits, soumises à une seule et même puissance, intelligente, active, ambitieuse, devaient nécessairement réclamer un tarif de douanes, en harmonie avec la position politique et commerciale de la métropole. Ce tarif a été créé.

Basé sur une protection forte qu'il assure à la marine anglaise, ce tarif, unique dans son genre, ne ressemble à aucun de ceux qu'ont adopté les puissances européennes, et ceux qui l'ont médité hésitent à prononcer s'il favorise plus le pavillon que la marchandise ou la marchandise que le pavillon. C'est que l'Angleterre a

(49) Ernest de Blosseville. *Ouvrage déjà cité*, pag. 339 et 340.

compris, long-tems avant nous, qu'il existe une telle corrélation entre le commerce et la navigation qu'il est impossible d'attenter à la protection de l'un sans nuire essentiellement à celle de l'autre, et que ces deux branches de prospérité, essentiellement liées l'une à l'autre, se fortifient mutuellement par leur union et doivent toujours croître ou décroître ensemble.

Convaincue de cette vérité, l'Angleterre a basé son tarif sur son acte de navigation (23 septembre 1660), dont voici l'esprit des principales dispositions :

1° Toute importation dans les colonies anglaises d'Asie, d'Afrique et d'Amérique est réservée aux seuls navires anglais.

2° Les Anglais et les Étrangers naturalisés Anglais peuvent seuls exercer le commerce dans les mêmes colonies.

3° Les marchandises du cru de l'Asie ou de l'Amérique ne peuvent être importées dans les pays et terres de l'obéissance anglaise que sur les navires anglais.

4° Les produits d'Europe ne peuvent être portés en Angleterre par d'autres vaisseaux que ceux des ports, des pays et des États où se fabriquent les marchandises et où croissent les denrées.

5° Le poisson de toute espèce, les huiles et fanons de baleines de pêche étrangère, acquittent, à leur importation, le double des droits de la douane étrangère.

6° Le commerce de port à port d'Angleterre et d'Irlande ne peut se faire que par des marchands et vaisseaux anglais.

7° Les réductions de droits de douane faites ou à

faire, ne s'appliquent qu'aux vaisseaux construits en Angleterre ou appartenant en propre aux Anglais, et dont, dans tous les cas, le maître et les trois quarts de l'équipage sont anglais.

8° Aux navires placés dans les deux catégories ci-dessus est réservé le droit d'importer en Angleterre, Irlande, etc., les marchandises et denrées qui se fabriquent ou qui croissent en Moscovie, les mats et autres bois, le sel étranger, le goudron, la résine, le chanvre, le lin, le raisin, les prunes, les huiles d'olive, toutes sortes de blés et de grains, les sucres, les cendres et savon, le vin, le vinaigre, les eaux-de-vie, les raisins de Corinthe, et autres denrées et marchandises des États du Grand-Seigneur, à l'exception néanmoins des navires étrangers qui appartiennent au pays où elles croissent et se fabriquent, ou bien où l'on a coutume de les embarquer.

9° A défaut d'être importées par les navires ci-dessus, elles sont réputées appartenir à des Étrangers et soumises aux plus forts droits.

10° On ne reconnaît pour navires anglais que ceux appartenant entièrement à des nationaux.

11° Les navires anglais peuvent importer, dans tous les États de la domination anglaise, les produits du Levant quoiqu'ils n'aient pas été chargés dans les États du Grand-Seigneur, mais sous la condition néanmoins qu'ils auront été chargés dans la Méditerranée au-delà de Gibraltar; ce qui aussi s'applique aux produits des Indes orientales qui sont embarqués au-delà du Cap de Bonne-Espérance, et à ceux des Canaries et autres colonies d'Espagne, et des Açores et autres colonies du Portugal, s'ils ont été chargés, les uns dans les ports d'Espagne, les autres dans ceux du Portugal.

Les autres dispositions de ce fameux acte renferment des mesures de représailles envers la France, annulées par le traité d'Utrecht, et des mesures de coercition.

Tel est cet acte devenu la charte commerciale de l'Angleterre et le palladium de sa prospérité ; acte que les lois rhodiennes et celles de Marseille ancienne n'ont jamais égalé, et qui, après 175 ans d'existence, n'ayant subi aucune modification, convient encore au tems actuel, tant il fut bien médité dans le principe.

On remarque que cette charte s'applique aux personnes, aux navires, à la pêche et aux marchandises.

Aux personnes, en ce qu'elle interdit aux Étrangers non naturalisés Anglais, tout commerce dans les possessions anglaises et tout cabotage dans les ports de la Grande-Bretagne ;

Aux navires, par tout ce qu'on peut déduire des dispositions que renferme cette charte ;

A la pêche, en repoussant, par des droits élevés, les produits de pêche étrangère ;

Aux marchandises, enfin, en prohibant la consommation de celles importées par navires étrangers, dans toutes les possessions anglaises d'Asie, d'Afrique et d'Amérique; en soumettant à des droits élevés celles importées en Angleterre par des tiers pavillons, et celles qui, chargées ailleurs que dans les pays de production, sont importées par navires anglais.

Cet acte est à lui seul la moitié d'un tarif, par les

prohibitions et les réductions de droits qu'il établit, et lorsqu'on crie tant, chez nous, contre notre système de restriction, je demande aux gens de bonne foi et instruits dans la matière, s'il en existe un plus étendu qu'en Angleterre.

Du grand nombre de possessions rangées sous la domination britannique, il résulte que l'Angleterre a sous sa main presque tous les genres de produits que fournissent l'agriculture, la pêche, les mines et l'industrie; qu'elle ne dépend des autres nations que pour un très-petit nombre d'articles, parmi lesquels on peut ranger certains produits du nord de l'Europe, les grains, les vins et eaux-de-vie, les huiles, le suif, les fruits secs, les bois de construction, le sel, la soie, le coton, le tabac, et quelques articles fournis exclusivement par le Levant; que l'Australie lui fournit depuis quelques années des laines; que cette dernière contrée approvisionne de grains, de houille et de bétail toutes les îles de l'Océanie, le Cap de Bonne-Espérance et les îles Falckland; que toutes les possessions anglaises sont assez rapprochées pour se prêter un mutuel appui; et qu'en quelque point du globe que se rendent les escadres de cette puissance, elles trouveront toujours un port hospitalier pour s'y rafraîchir, s'y ravitailler et s'y radouber au besoin, tandis que les nôtres, sans refuge, n'éviteront Charybde que pour tomber en Scylla.

Riche du grand nombre de produits variés que fournissent ses colonies, l'Angleterre, à l'aide de quelques droits protecteurs qu'elle leur a accordés, a pu repousser de sa consommation intérieure tous les produits similaires étrangers dont elle n'avait pas besoin. La protection accordée à ses colonies ayant contribué au développement de leur culture, a amené une baisse de prix résultant de la concurrence qui s'est établie entre elles, et cette baisse de prix lui a ouvert tous les marchés des États du Nord privés de colonies, ou n'en ayant point de suffisantes. Tel est l'effet du vaste réseau dans lequel l'Angleterre a enveloppé la plupart des colonies. C'est d'avoir à ses ordres 80 millions de producteurs et de consommateurs, c'est d'avoir des troupes et des marins étrangers qu'elle arme les uns contre les autres et contre nous, c'est d'avoir saisi d'une main ferme le trident de Neptune.

Eh bien! la postérité le croira-t-elle! c'est devant cette nation envahissante qu'on propose de rendre l'Algérie; c'est devant cette nation essentiellement commerçante, qu'on veut abaisser les tarifs; c'est devant cette nation manufacturière qu'on veut lever toutes les prohibitions.

Ce n'est pas tout, c'est encore lorsque toutes les nations de l'Europe s'efforcent de devenir commerçantes et manufacturières; lorsque les Deux-Siciles, l'Égypte et l'Espagne, riches de matières premières, cherchent à se passer de nos manufactures; c'est lorsque l'Angleterre, d'un regard d'aigle, voit le monopole exercé jusqu'à ce moment par ses industriels, prêt à lui échapper, et lorsqu'elle cherche à le ressaisir par des traités de commerce, qu'on se prête à lui aplanir les difficultés qu'elle rencontre et qu'on cherche à lui faire un pont d'or. C'est devant de tels faits, si patens, si notoires, qu'on appelle à grands cris la liberté commerciale. Quel vertige trouble donc le cerveau de nos écrivains ?

On ne propose point ouvertement d'abandonner l'Algérie. La proposition serait tellement révoltante, elle flétrirait tellement la bouche qui l'aurait proposée, que nul n'ose se charger de cette iniquité. Mais on arrive à ce résultat en proposant de réduire considérablement le budget de l'armée d'Afrique, on voudrait réduire l'occupation à quelques points militaires, n'avoir, en un mot, qu'une armée bornée à occuper quelques points du littoral. Eh! que seraient les forts sans la plaine ? A quoi servirait l'armée, si elle n'occupait dans l'intérieur des positions propres à protéger l'agriculteur? On recule devant le budget élevé que nécessite cette occupation, mais n'y a-t-il rien à retrancher ou à refaire dans ce budget ?

Qu'ont produit à l'Angleterre le stérile rocher de Gibraltar et l'île presque improductive que Charles-Quint donna à l'Ordre de St-Jean de Jérusalem ? Dieu nous préserve d'une guerre maritime, si nous ne pouvions apprécier la valeur de ces deux possessions stériles, nous jugerions du moins de leur utilité! La Grande-Bretagne a-t-elle reculé devant les dépenses qu'entraînaient les fortifications et l'occupation de ces deux points? Non. Si cette puissance eût calculé avec autant de parcimonie que nous, elle n'aurait ni colonies, ni comptoirs, et, réduite à ses trois royaumes, elle serait restée une puissance du second ordre, tandis que, depuis un siècle et demi, la balance politique a toujours penché en sa faveur.

L'abandon de l'Algérie après les frais de sa conquête, après le sang versé pour la soumettre, après que nous y avons ouvert des routes, desséché des terrains et élevé des forts, après que sa conquête a émancipé les puissances d'Italie du tribut humiliant qu'elles payaient aux régences barbaresques, après qu'elle a rendu aux mêmes puissances la liberté des mers, en détruisant le repaire de la piraterie et de l'esclavage, l'abandon de l'Algérie, dis-je, serait une mesure impolitique, contraire à nos intérêts et à notre gloire, et par conséquent anti-nationale.

Quelle nation peut exiger de nous un tel sacrifice? Quel traité peut-elle invoquer? Qui le signa? Dans quelles archives repose-t-il? L'Algérie, destinée à nous dédommager de la perte future de nos colonies, que la première guerre maritime nous enlèvera, ne doit être rendue que par la force. Il faut que sa possession nous indemnise en partie du traité honteux de 1763 et de l'humiliation réservée à nos navires de n'aborder nos comptoirs dans le Gange qu'en passant sous le canon de Calcutta, comme les soldats de Veturius et de Posthumius sous les fourches de Caudium.

C'est assez parler de l'Algérie, qui s'est trouvée sur ma route je ne sais comment : je reviens à mon objet.

On demande en France à reconstruire les bases du tarif; d'autres réclament la liberté commerciale; d'autres ne parlent que de quelques marchandises, parmi lesquelles on distingue le fer, la houille, le sucre, etc.;

d'autres, et c'est le plus grand nombre, s'expliquent en termes généraux, ne formulent rien, et laissent un tel vague dans leurs discours et dans leurs écrits que, quelle que soit l'issue de la discussion à intervenir, ils pourront toujours dire : *j'ai tenu ma parole, j'ai rempli mon mandat.*

L'auteur qui a exposé le plus franchement son opinion, puisqu'il l'a développée, est celui d'une brochure intitulée : *Paroles d'un négociant* (50). Après avoir posé en principe que 100,000 francs en immeubles, ou la même somme en marchandises, représentent la même fortune, ce qui est un paradoxe ; que cette fortune doit au gouvernement la même part d'impôt annuel ; qu'il faut que tout paie et paie peu, mais que tout soit libre, l'auteur ajoute : « Un droit de douane modéré est le « meilleur encouragement qu'on puisse donner à l'in« dustrie ; nous indiquerons le taux de deux pour cent « sur toutes les marchandises sans distinction, sur la « valeur des marchandises d'entrée et de sortie, par « navires français, et quatre pour cent sur les navires « étrangers, quelles que soient les provenances (51). »

L'auteur que je cite s'est prononcé, comme on le voit, sans ambiguité. On peut bien ne point partager son opinion, mais du moins on n'est pas obligé de lui demander : *Que proposez-vous ?*

Après cet auteur, et celui que j'ai analysé, page 123 et suivantes, je ne retrouve plus rien de précis. J'aper-

(50) A Paris, chez Cherbuliez et compagnie, rue de Seine, n° 57, 1834.

(51) *Paroles d'un négociant*, pag. 207.

çois beaucoup de gens qui proposent de démolir, mais pas un qui présente un plan de reconstruction.

M. Th. Ducos (52) dit : « Je veux l'émancipation « commerciale, et je me suis déclaré l'ennemi né des « priviléges et des monopoles. La liberté du commerce « n'est que le corollaire de la liberté politique ; elle en « est la conséquence obligée : je la demande non comme « base, mais comme complément.

« J'ai beaucoup étudié la question des douanes ; je « veux combattre l'inextricable réseau des droits qui « pressure nos vignes et favorise les terres du Nord. Je « repousse les prohibitions, parce qu'elles sont incom- « patibles avec tout système fécond ; parce qu'elles s'op- « posent au rapprochement et à l'union des peuples ; « parce qu'elles alimentent la fraude et portent à l'im- « moralité ; enfin, parce qu'elles sont une source de « richesses pour les uns et de ruine pour les autres.

« Je réclamerai un équitable abaissement de tarifs, « et surtout de celui des houilles et des fers . . . . . »

M. Brigode (53) dit : « . . . . Féconder le plus possi- « ble les sources de la richesse publique ; ouvrir dans « toute leur latitude les voies naturelles de la produc- « tion agricole, commerciale et industrielle, et les « débarrasser de leurs inutiles entraves . . . . . voilà la « direction qu'une bonne Chambre saura imprimer au « gouvernement. »

(52) *Déclaration aux électeurs du deuxième arrondissement de Bordeaux*, en 1834.

(53) *Discours de remercîment*, *après son élection à la Chambre*, en 1834.

M. de Golbery (54) a écrit : « Je tâcherai de faire « comprendre au gouvernement que la meilleure poli- « tique est celle qui détruit les monopoles, celle qui « descend sur le champ du laboureur pour le féconder ; « celle qui, pour sauver le malheureux vigneron d'une « ruine totale, cherche à établir un autre système de « l'impôt, un autre tarif des douanes. »

M. Ganneron (55) s'exprime ainsi : « Les intérêts « matériels du pays réclament la loi sur les douanes... »

M. Eusèbe Salverte (56) demande : « Un système de « douanes qui concilie l'intérêt du producteur avec ce- « lui du consommateur, et les droits de l'industrie fran- « çaise avec les avantages du commerce extérieur... »

M. Édouard de la Grange (57) promet de demander : « La diminution de certains droits, équivalens à des « prohibitions, qui paralysent le commerce et l'in- « dustrie. »

Enfin, M. Alphonse de Lamartine (58) a écrit : « J'ai « parlé..... pour que les questions de monopole, « d'impôt, d'octroi et de douane fussent examinées « dans l'intérêt de tous. »

J'aurais pu multiplier mes citations, mais comme celles dont j'aurais pu encore m'appuyer s'expliquent

(54) *Lettre aux électeurs de Colmar, adressée après sa nomination de Député*, en 1834.

(55) *Lettre aux électeurs du quatrième arrondissement de Paris*, juin 1834.

(56) *Lettre aux électeurs des arrondissemens d'Arcis et de Bar-sur-Aube*, 1834.

(57) *Circulaire électorale*, dudit, 1834.

(58) *Lettre aux électeurs du deuxième arrondissement électoral de Dunkerque*, 8 juin 1834.

d'une manière aussi vague que les autres, j'ai cru pouvoir m'arrêter. On n'aperçoit, effectivement, dans celles que je viens de rapporter, que des principes posés en termes généraux, et qui peuvent se réduire à ceci : *nous ne voulons ni priviléges, ni monopoles ; nous désirons un tarif de douanes en harmonie avec les besoins de la France.*

Or ce vœu, c'est celui que nous formons tous, gouvernans, députés, industriels, commerçans et consommateurs. Ce que nous recherchons en ce moment, c'est un mode de tarif qui satisfasse réellement aux besoins de la France, c'est-à-dire, un tarif qui n'enlève point au gouvernement l'impôt nécessaire aux besoins du service public, qui protége tout-à-la-fois la navigation, l'agriculture, l'industrie, et par conséquent le commerce. Pour le dresser, ce tarif, il faut en poser les bases ; c'est là qu'il faut arriver ; c'est cela qu'il faut formuler, si l'on veut en finir ; c'est enfin, en dernière analyse, ce qu'on trouve dans la coupelle, après avoir fait le départ de toutes les propositions publiées jusqu'à ce jour.

Jeter les bases d'un tarif pour la France est une entreprise au-dessus des forces d'un seul homme. Je ne me dissimule point qu'il y a de la témérité à oser l'entreprendre et du courage à présenter ses idées en face de tant d'intérêts opposés et puissans. Mais j'ai déjà expliqué que c'est une affaire de conscience pour moi ; je ne reculerai point.

Il est inutile de s'attendre à trouver ici les chiffres qui doivent s'appliquer à chaque nature et qualité de marchandises. Mon but n'étant point de présenter un tarif tout fait, mais d'indiquer les améliorations qu'on peut apporter à celui qui nous régit, on ne trouvera ici presque que des vues générales, dont on tirera des conséquences.

J'entre en matière.

Un tarif de douanes est le tableau des droits auxquels sont soumises l'importation et l'exportation des marchandises. Son effet doit être pareil à celui d'un contrepoids qui, jeté dans la balance, la ferait pencher en faveur du commerce national.

Un même tarif ne peut convenir ni à deux nations, ni à une même nation pour deux époques différentes.

La même nation doit avoir deux tarifs, comme deux législations de douane; un pour les tems de guerre, l'autre pour les tems de paix.

Le principe qui dicte l'esprit d'un tarif de douanes est le même pour toutes les nations, puisqu'il tend à favoriser l'agriculture, l'industrie, le commerce et la navigation. Mais les moyens diffèrent selon les ressources et les besoins de la nation pour laquelle est fait le tarif.

Les États non-manufacturiers peuvent avoir un tarif simple, borné à quelques quotités de droits, qu'on peut même établir *ad valorem*, parce qu'il n'y a dans ces États presque rien à protéger, et que les droits ne doivent y être considérés que comme un impôt levé sur le consommateur. Dans presque tous les États de l'Amérique du sud, la majeure partie des droits de douane repose sur la valeur; et, en Turquie, la perception est si simple que le douanier peut calculer sur l'ongle de son pouce le droit que doit acquitter une cargaison entière.

Dans les États manufacturiers, au contraire, un tarif, pour être bon, doit prendre la marchandise à l'état brut, à l'état rudimentaire, la suivre par tous les degrés de manipulation qu'elle reçoit de l'industrie, et ne la quitter que lorsqu'elle a reçu le complément de travail qui la rend propre à être employée par le consommateur. Dans ces États, les droits de douane ne sont point un impôt, mais une taxe destinée à niveler, sur leurs marchés, les prix des produits étrangers avec les prix des similaires nationaux. C'est bien à l'État qu'on paie cette taxe, mais c'est au profit de l'agriculteur et de l'industriel; c'est pour leur tenir compte de ce qu'ils auraient à souffrir de la concurrence étrangère sans l'appui du tarif. Mais, il faut l'avouer, tout ce qui, dans cette taxe, dépasse la limite de la protection, tombe dans le domaine de la fiscalité.

Notre tarif actuel traite ainsi qu'on doit le faire dans les États industriels, les articles dont la main-d'œuvre augmente la valeur; le lin, le chanvre, le fer, d'autres métaux, etc., en sont la preuve. Le fer, par exemple, à partir de son extraction de la mine jusqu'à l'instant où il est livré au fabricant ou au consommateur, snpporte, selon les différentes préparations qu'il a reçues, un droit d'entrée d'autant plus élevé que l'état de préparation auquel ce droit s'applique l'éloigne davantage de l'état de minerai.

Avant d'aborder l'examen des modifications dont

notre tarif actuel me paraît avoir besoin, je crois devoir présenter ici le mode que j'adopterais pour la distribution de ce tarif, si j'en étais chargé. Cet exposé n'est point hors de propos; car il aidera à suivre plus facilement les opinions que je pourrai émettre. On ne doit le considérer ici que comme développement de ce que j'ai établi à la page 113.

PROJET DE DISTRIBUTION D'UN TARIF DE DOUANE.

Matières brutes et premières	pour l'art rural et le charroi		Anes et ânesses; chevaux et jumens; mules et mulets, etc.; charrée; crétons; échalas; engrais; fruits à ensemencer; marne; œufs de vers-à-soie; plants d'arbres et de fleurs; ruches à miel; tourteaux de graines oléagineuses, etc.
	alimentaires et culinaires	animales	*Bétail.* Agneaux, bœufs, chèvres, moutons, porcs, taureaux, vaches, etc.; beurre; fromage; gibier, volailles et tortues; graisse dite sain-doux; miel; œuf de volaille et de gibier. *Péche.* Poissons, homards, huitres, moules et autres coquillages pleins; présure; viande fraîche, salée et marinée.
		végétales	Aulx; bulbes et oignons; champignons; chicorée verte et sèche non torréfiée. *Denrées coloniales.* Amome, cacao, café, cannelle, cassia-lignea, gingembre, girofle, macis, muscade, piment, poivre, sucre, thé. *Farineux.* Céréales et leurs farines, riz, grains perlés ou mondés, gruaux et fécules, légumes secs et leurs farines, marons, châtaignes et leurs farines, pain et biscuit de mer, pain d'épice, pâtes d'Italie et autres granulées, pommes de terre, sagou, salep, tapioca, etc., etc.

Matières brutes et premières (suite)	alimentaires et culinaires végétales (suite)	*Fruits.* (*Admettre la division du tarif actuel, moins les fruits oléagineux, à distiller et à ensemencer.*) Légumes verts, salés et confits ; truffes.
	Boissons. (*Ajouter le sirop à la division du tarif actuel.*)	
	propres à la construction	Ardoises ; bois communs (*avec les distinctions actuelles*) ; perches ; marbre brut et scié : matériaux à dénommer ; plâtre ; tuiles ; tuyaux de terre.
	pour les arts, métiers, fabriques et manufactures	Agaric amadouvier brut ; agates brutes ; albâtre brut ; amurca ; alana ou tripoli ; bitumes ; blanc de baleine : bois en éclisse, feuillard, merrain et d'ébénisterie ; boyaux frais, secs ou salés ; bruyères et racines à vergettes ; cailloux à faïence ou à porcelaine ; caoutchouc ; callebasses vides ; chanvre ; chardons cardières ; cheveux ; cire ; crins : corail brut ; cornes de cerf et de snae, de bétail et de licorne ; coques de coco ; coton en laine ; craie ; dents d'éléphans, de loups, de phoques et d'hippopotame ; derle ou terre de porcelaine ; drilles ; écaille d'ablette et de tortue ; écorce de bourdaine et de tilleul pour cordages ; fanon de baleine ; fruits à distiller et oléagineux ; gommes pures indigènes et exotiques ; grains durs à tailler ; groisil ou verre cassé ; groison ; graisses de poisson et autres (*sans le sain-doux*) ; houblon ; joncs et roseaux (*avec la distinction actuelle*) ; laines ; liége brut ; lin ; métaux (*minerais, en barres, laminés et filés*) ; meules à moudre et à aiguiser, nacre de perle ; nerfs de bœufs et autres animaux ; noir minéral ; oreillons ; os autres que ceux de cœur de cerf et de sèche ; osier ; peaux et pelleteries ; pierres gemmes, à feu autres que les agates, à aiguiser, ferrugineuses,

Matières brutes et premières (suite)	pour les arts, métiers, fabriques et manufactures (suite)	éméril, ponce, de touche, et terres à dénommer; plantes alcalines; plumes; poils; regrets d'orfèvre; résines indigènes; sang de bétail excepté celui de bouc desséché; soies; soufre brut; spath et castine; terre de pipe.
	ayant diverses destinations	Alpitte et millet; bois à brûler; chiens de chasse; charbon de bois et de chenevotte; glu; grignon; marc de raisin et de roses; mottes à brûler; perles fines; rogues de morues et de maquereaux; tabac en feuilles; tourbes.
	propres à la médecine et à la parfumerie	Agaric de mélèze; ambre gris; antale; baumes; bézoards; bois de sassafras et autres; cantharides; castoreum; civette; cloportes, écorces; éponges; feuilles; fleurs; fruits; herbes; huiles grasses et volatiles; joncs odorans; lichens autres que ceux pour teinture; moelle de cerf; musc; os de cœur de cerf et de sèche; pieds d'élan; racines; rapures d'ivoire et de cornes de cerf; résineux exotiques; sang de bouc desséché; sangsues; scinques ou stinx; sucs d'espèce particulière; vanille; vessies de cerf et autres; vipères; yeux d'écrevisses.
	propres à la teinture et aux tanins	Avelanèdes; bois; boules de bleu; brou de noix; carthame; cochenille; curcuma; écorce de pin, à tan et de grenade; extrait de bois de teinture; feuilles; garance; garou; gaude et pastel; genestrole ou genet des teinturiers; inde plate; indigo; indique; kermès en grains et en poudre; laque naturelle et préparée; lichens tinctoriaux, maurelle, nerprun (baies); noix de galles; orcanette; orseille bleue et violette; pâte de pastel; prussiate de fer et de potasse; quercitron; rocou; safran; sarette; sumac.

Articles fabriqués | Agaric amadouvier; agates; albâtre; amidon; argent; armes; bijouterie; bimbeloterie; bonbons et confitures; bougies de blanc de baleine; caractères d'imprimerie; chandelles; chapeaux de paille, d'écorce, de sparte, etc.; cheveux ouvrés; chicorée torréfiée et moulue; chocolat et cacao simplement broyé; cire ouvrée; corail taillé, non monté; cordages et filets. *Couleurs.* Carmin, cendres bleues ou vertes, crayons, encres, noir *(distinctions actuelles)*, outremer, stil de grain, vermeil, vernis de toute sorte, vert de montagne, couleurs à dénommer. Coutellerie, eaux de senteur; effets à usage; embarcations; épices préparées; fanons de baleine apprêtés; fards; feutres; fils; horlogerie; instrumens aratoires, de sciences, de chirurgie, de chimie et de musique; laine teinte; liége; limes et rapes; machines et mécaniques; marbre; medicamens composés; mélasse; mercerie; meubles; modes (ouvrages de); nattes et tresses de paille, d'écorce, de sparte, etc.; orfévrerie; or; ouates; ouvrages en fonte, fer, tôle, fer blanc, acier, cuivre, laiton, bronze, étain, plomb et zinc; ouvrages en bois *(distinction actuelle)*; outils; papier et ses applications; parapluies; pastilles odorantes; pâtes liquides ou en pains; peaux simplement préparées et celles ouvrées: pelleteries; pierres gemmes et communes; plaqués; pommades. *Poterie* grossière, faïence, de grès et porcelaine. Poudres à poudrer, de senteur et à tirer; produits chimiques; savons; scies; sellerie; sorbets; soufre épuré et sublimé; sucre raffiné et candi; tabac; tabletterie; tissus; vannerie; verres et cristaux; voitures.

Objets de collection.

Marchandises omises.

Monnaies.

En fait d'objets de première nécessité, les uns sont alimentaires, les autres sont destinés aux fabriques, ou comme matière principale, ou comme accessoire à la fabrication.

Parmi les matières animales, je ne vois guères que le bétail dont les droits élevés aient excité de vives réclamations, soit en France, soit à l'Étranger. Les droits sur le bétail ayant été l'objet de discussions éclairées à la tribune, dans des commissions spéciales, et par suite de l'enquête commerciale, je n'ai rien à ajouter à ce qui a été dit.

Parmi les matières alimentaires végétales, les céréales tiennent le premier rang, et ont presque toujours été l'objet de réclamations plus ou moins persévérantes. Pour traiter cette question avec quelque lucidité, il faudrait être placé de manière à pouvoir apprécier les besoins et les ressources de chaque localité, et ma position administrative ne m'en fournit point l'occasion. Je laisse donc aux personnes mieux placées que moi le soin d'éclairer la discussion sur un objet si important. Cependant, je dois faire remarquer qu'il est prudent de conserver, dans notre législation, l'indication d'un taux qui arrête l'importation et l'exportation des céréales.

Si par la quotité du droit leur importation était permanente, il résulterait dans certains cas des importations tellement importantes qu'elles aviliraient leur prix sur nos marchés. Les prix avilis chez nous, l'exportation surviendrait parce qu'il existerait à l'étranger tels marchés où des prix avantageux nous seraient offerts, nous exporterions abondamment, et bientôt une hausse de prix résulterait de l'exportation et ramènerait de nouvelles importations qui entraîneraient une nouvelle baisse. De cette fluctuation rapide dans les prix, il s'en suivrait une telle perturbation dans les spéculations que des fortunes s'écrouleraient aussi rapidement qu'elles se seraient élevées, et, très-certainement, il adviendrait fort souvent que la France racheterait ses propres blés bien plus cher qu'elle ne les aurait vendus. Ce serait bien un mal, mais peut-être le moindre de tous.

Si l'exportation était permanente, il en résulterait des conséquences bien plus funestes. Examinons ce qui pourrait avoir lieu avec un pareil système.

Si chaque habitant recevait, au 1er janvier, ou à l'époque de la récolte, la quantité de blé qu'il doit consommer dans le courant d'une année, tout ce qui excéderait les besoins de la consommation, ou tout ce qui manquerait serait connu, et alors on pourrait se régler en conséquence. Le gouvernement autoriserait la sortie de ce qui excède les besoins, ou se procurerait à l'Étranger ce qui manquerait pour les compléter; et, si l'Étranger ne pouvait ou ne voulait rien nous fournir, nécessairement les personnes non-approvisionnées seraient condamnées ou à mourir de faim ou à s'expatrier.

Supposons qu'il manque à la consommation de la France, pour une année, 80 millions de kilogrammes de blé, ou soit un million d'hectolitres. Cette quantité est juste celle qu'il faut actuellement pour nourrir 439,560 personnes d'une récolte à l'autre, ou soit, environ la soixante-treizième partie de la population totale.

Si, dis-je, chacun s'approvisionnait pour toute l'année, le déficit serait bientôt connu, et l'on y remédierait autant que possible: mais il n'en est pas ainsi. Ce n'est que la plus petite fraction de la population qui songe à son approvisionnement pour un aussi long terme, car, parmi ceux qui font eux-mêmes leur pain, si l'on en excepte l'agriculteur, presque tous ne s'approvisionnent de farine que pour un, ou deux, ou trois mois au plus. Reste la partie de la population qui achète le pain, et c'est la plus nombreuse; celle-là vit presque du jour au jour. Il serait donc impossible, sans les sages prévisions du gouvernement, d'empêcher le mal qui pourrait résulter du déficit existant.

Tant qu'on se trouverait dans les dix ou onze premiers mois, le manquant resterait inaperçu, parce que les 439,560 personnes non-approvisionnées auraient vécu sur la masse de l'approvisionnement général. Mais en arrivant au commencement du douzième mois, le million d'hectolitres manquant, au lieu de représenter ce qu'il faut à la nourriture de 439,560 personnes, représenterait, pour aller jusqu'à la fin de l'année, la quantité de vivres nécessaire à la subsistance de........................ 5,333,333 individus.

Au 15 du même mois....... 10,666,666 »

Au 20 du même mois....... 16,000,000 »

Et au 25 du même mois...... 32,000,000 »

Mais comme cette quantité n'existerait plus au 25, il y aurait cessation complète d'approvisionnement dans tout le royaume pendant cinq jours. Ainsi au lieu de 439,560 individus privés de nourriture, la France verrait, avec un léger déficit, l'existence de toute sa population compromise, en supposant que l'approvisionnement de blé eût été réparti sur tous les points du royaume proportionnellement à la population. On comprend qu'avec le déficit supposé il pourrait se présenter plusieurs autres combinaisons, qui, avant le douzième mois, occasioneraient de grandes perturbations.

La législation sur les céréales est donc une chose très-importante, et qu'on ne doit toucher qu'avec circonspection. Tous les États anciens et modernes s'en sont constamment occupés, parce que de l'existence des peuples dépend la stabilité des gouvernemens. Quant à notre législation sur cette branche de commerce, je la crois bonne dans son ensemble. Il peut sans doute exister quelques dissonances pour certaines localités, mais c'est à ces localités à signaler les causes qui entravent leurs spéculations. C'est ainsi que Marseille a réclamé, il y a peu d'années, pour qu'on changeât un de ses quatre marchés régulateurs, et qu'on a fait droit à sa demande parce qu'elle était fondée.

Remarquons que je n'ai supposé qu'un déficit de 80 millions de kilogrammes, mais qu'il est survenu plusieurs fois des récoltes insuffisantes qui ont laissé un plus grand vide, comme on peut s'en convaincre par l'examen du tableau ci-dessous, que je ne présente ici qu'afin de rectifier les idées des personnes qui ne cessent de publier que la France, depuis quelques années, récolte plus qu'elle ne consomme. Ce tableau serait bien plus complet s'il exprimait, comme c'est vrai, que, d'après l'année moyenne prise sur les 46 écoulées de 1788 à 1833, la récolte des céréales en France ne suffit que pour 362 jours de la consommation générale du royaume, c'est-à-dire, que la consommation absorbe toute la production, plus trois jours.

Mouvement du froment et de sa farine, en France, de 1788 à 1833.

	EXCÉDANS		NOMBRE de jours de la consommation générale.
	des importations sur les exportations.	des exportations sur les importations.	
1788	56,500,000 kilog.	....	5
1789	175,000,000 »	....	16
1790	155,500,000 »	....	13
1791 à 1799	les importat. et les export. cessent.		.
1800 et 1801	la France exporte	.............?	?
1802 et 1803	elle importe.....	.............?	?
1804 à 1810	elle exporte.....	.............?	?
1811	98,000,000 kilog.	....	5
1812	la France importe	.............?	?
1813	136,000,000 kilog.	....	7
1814 et 1815	la France exporte	.............?	?
1816	elle importe.....	....	16
1817	elle importe.....	....	12
1818	elle importe.....	....	11
1819	elle importe.....	.............?	?
1820	elle importe.....	.............?	?
1821	37,002,000 kilog.	....	2 1/2
1822	....	12,963 000 kilog	1
1823	....	11.707.000 »	1
1824	....	11,689,000 »	1
1825	....	16.774.000 »	1
1826	....	14.661.000 »	1
1827	....	7.336.000 »	1/2
1828	70.127,000 kilog.	....	5
1829	120,860,000 »	....	8
1830	154,094,000 »	....	10
1831	72.092.000 »	....	5
1832	336,478 000 »	....	21
1833	....	12,867,000 kilog.	1

En parcourant le projet de division d'un tarif, que j'ai présenté ci-dessus, on trouve après les céréales, les fruits secs; je pense qu'on pourrait, dans l'intérêt de notre agriculture, les taxer à l'entrée à 20 fr. les 100 kilogrammes.

Parmi les denrées coloniales se rencontrent les sirops, confitures, bonbons et sorbets, objets fabriqués. Ne pourrait-on point, dans l'intérêt de notre industrie, imposer à un droit élevé ces quatre produits; par exemple, les assimiler au chocolat, et accorder une réduction d'un tiers pour ce qui serait importé de nos possessions?

Dans l'acolade qui comprend les matières premières propres aux arts, métiers fabriques, etc., sont compris le chanvre, le lin, le coton, la laine, le fer, la houille, etc., matières premières s'il en fut jamais.

Je n'ai, à nulle époque de ma vie, partagé l'opinion d'imposer fortement les matières qui contribuent au développement de l'industrie. Je suis convaincu, au contraire, que la première condition de prospérité d'un État manufacturier, c'est de tenir au plus bas prix possible ces matières. Le gouvernement qui met en pratique ce dernier principe finit, toutes autres choses d'ailleurs restant égales chez ses voisins, finit, dis-je, par obtenir la préférence sur les marchés étrangers et anéantit, à la longue, les fabriques étrangères. C'est le bas prix de ces matières qui, en permettant au fabricant d'appliquer à un plus grand développement de forces productrices la masse de capitaux dont il dispose, lui ouvre avec avantage les marchés étrangers et accroît ses débouchés à l'intérieur. Qu'a produit le droit de 33 p^r °/₀ sur les laines? Le fabricant avec 400 mille francs a moins travaillé sous l'empire de ce droit, qu'il ne l'eût fait avec 300 mille, en l'absence de toute taxe. Lorsqu'il a voulu faire entrer en ligne de compte l'intérêt de ce droit, le déchet, les avaries et les faillites sur les matières et les fabrications chargées du même droit, ce fabricant a reconnu qu'il n'avait pas plus produit avec 450 mille francs qu'il ne l'aurait fait avec les deux tiers de cette somme avant l'existence du droit. Les laines étrangères, repoussées de chez nous par une taxe élevée, ont cherché d'autres débouchés ou sont restées sur les marchés producteurs, qui ont fini par les utiliser et par se passer de nos fabriques. C'est ce qui est démontré par le royaume de Naples dont les laines, recherchées par nos fabriques, sont maintenant tissées dans le pays qui les produit.

Il ne suffit point de reconnaître que les matières premières doivent être tenues au plus bas prix, et que par une réduction de droits, sagement amenée, on doit revenir au principe dont on s'est écarté depuis 1816. Il faut encore songer que l'industrie ne peut réclamer une protection aux dépens de l'agriculture, et que cette réflexion soulève ici plusieurs difficultés. En France, où l'impôt foncier et où la journée du cultivateur sont généralement plus élevés que dans plusieurs autres États, peut-on, sans inconvénient pour le trésor et pour l'agriculture, admettre à des droits très-modérés le lin et le chanvre tillés? Je pense que ces deux espèces de filamens doivent jouir, dans l'intérêt de l'industrie, de toute la faveur possible lorsqu'ils sont présentés à l'état brut, mais que la moindre préparation ajoutée à leur tillage doit déterminer l'application d'un droit équivalent au moins à 15 p^r °/₀ de la valeur.

Très-certainement, il est malheureux d'avoir à se prononcer entre deux intérêts si distincts, et tous deux dignes d'une protection spéciale. Mais lorsqu'il faut nécessairement opter sans pouvoir transiger, on doit se prononcer en faveur du côté le plus avantageux à la masse. Or, dans ce cas, c'est l'industrie. On m'objectera sans doute qu'ici j'ai plutôt tranché que résolu la question, en sacrifiant nos chenevières à l'industrie, je réponds que non, que j'ai pesé toutes les conséquences de ma proposition. Sans doute la mesure que je propose, si elle est adoptée, froissera un instant l'intérêt de nos chenevières, mais ce mal ne sera que local et que momentané, tandis que le bien qu'en retirera l'industrie, bien plus important que le mal qu'on suppose, rejaillira sur une partie de la société. Nos terres à chanvre ne seront point perdues pour cela, un plus grand développement d'industrie appellera un plus grand développement de récoltes, et le tissage du chanvre et du lin ne pourra que gagner à l'adoption de ma proposition.

L'examen du droit qui atteint le coton en laine se présente à mes yeux sous un autre point de vue. Il conviendrait d'examiner, selon moi: 1° jusqu'à quel point nous devons encourager l'emploi d'un filament étranger qui vient nuire à l'emploi de nos chanvres, de nos lins et de nos laines; 2° si le droit actuel sur le coton gêne son importation.

Il est sans doute malheureux de voir le coton se jeter sur nos marchés, en concurrence avec nos laines, nos chanvres et nos lins, et paralyser ainsi l'accroissement de nos troupeaux et d'une partie de notre agriculture. Mais lorsque ce filament est devenu d'un usage général chez tous les peuples, par la facilité qu'il présente de se prêter à toutes sortes de fabrications, il y aurait folie à nous de le repousser et de ne point encourager les fabriques qui l'emploient. Malheureusement nous sommes tributaires de l'Étranger pour ce produit, et il est présumable que nous le serons encore long-tems quand même l'Algérie viendrait à notre secours.

Eh bien! c'est parce que l'Étranger nous fournit exclusivement le coton, car je regarde comme nul ce que nous tirons de nos colonies; c'est parce que son emploi, devenu général chez nous, nuit à la vente de nos laines, de nos chanvres et de nos lins, que je le crois propre à supporter, à son importation, un droit de douane. Ce droit modéré, il est vrai, doit tomber au trésor comme compensation de l'impôt foncier que le coton acquitterait s'il était récolté chez nous, comme dédommagement du tort qu'il porte à nos terres à paturage et à nos chenevières. Il reste à examiner si le droit actuel est trop élevé. Je crois que non. Et malgré que notre tarif impose ce filament à un droit variable de 16 fr. 50 c. à 38 fr. 50 c. les 100 kilogrammes, selon la provenance et le pavillon, ce qui donne en apparence une moyenne de 27 fr. 50 c., je pose en fait que cette moyenne est tout au plus de 20 fr. Certainement en s'arrêtant aux chiffres du tarif, on remarque que le coton importé des entrepôts, par navire français, doit 33 fr., et que celui de toute provenance, importé par navires étrangers, en doit 38 fr. 50 c. Mais celui qui a étudié et raisonné notre commerce extérieur sait fort bien que ces deux droits ne sont que nominaux, étant très-rarement acquittés en douane. Les États qui nous livrent en grand le coton sont, dans l'ordre des quantités qu'ils nous vendent, les États-Unis d'Amérique, le Levant et le Brésil. Les autres États ne nous en vendent que très-peu. Eh bien! le coton des États-Unis, par suite du traité de commerce passé avec cette puissance, n'acquitte que 22 fr.; celui du Brésil, toujours importé par navires français, ne paie que le même droit, et celui du Levant, toujours importé par notre pavillon, n'est imposé qu'à 16 fr. 50 c. Le coton n'acquitte donc qu'un droit d'environ 20 fr. par 100 kilogrammes, c'est-à-dire de moins de 4 p^r^ °/~o~ de sa valeur, qu'on ne peut considérer comme nuisible à nos fabriques. Je pense qu'on peut le conserver.

Quant aux laines, si l'on considère que la plus grande portion de celles qu'emploient nos fabriques est fournie par nos troupeaux; que cette toison est la base de tissus très-variés dans leur espèce, dont l'usage généralement répandu n'a pour limites que les climats, les saisons et la fortune des consommateurs; qu'il est quelques-uns de ces tissus qui ne peuvent nullement être remplacés dans leur usage, on comprendra combien il est important de protéger, par tous les moyens possibles, l'éducation de nos bêtes à laine.

Il n'en est point de la laine comme du coton quant à la protection. L'un est un élément indigène qui doit être toujours prêt, en cas de guerre, à suffire aux besoins de nos fabriques ; l'autre est un élément étranger que nous nous procurerons, dans ce cas, comme nous pourrons. L'un se lie essentiellement à la valeur de nos terres, à leur engrais, à la préparation des peaux, et à la nourriture de notre population ; l'autre n'est qu'un pur élément de travail pour nos industriels, et d'échanges à l'étranger contre nos produits bruts ou manufacturés, avantages qu'il partage avec la laine.

Doit-on, dans l'intérêt de nos manufactures, abaisser totalement les droits d'importation sur la laine, ou doit-on protéger nos troupeaux, en établissant ou maintenant un droit plus ou moins élevé sur la même matière ? Tels sont à-peu-près les termes dont on se sert depuis près de sept ans, pour formuler la question sur les laines ; question toujours controversée et jamais résolue pleinement, parce qu'elle est mal posée. Cette question n'est, à mon avis, que subsidiaire, car il fallait, avant tout, examiner si un droit élevé sur les laines favoriserait nos troupeaux.

Si l'on n'a point envisagé la question sous le point de vue que je présente, c'est qu'on s'est trop habitué, chez nous, à considérer l'agriculture et l'industrie comme deux êtres distincts, comme deux rivales, et c'est une grave erreur, car en économie tout est lié. L'agriculture, l'industrie et le commerce sont trois associés dont les intérêts sont inséparables, indivisibles. Que pourrait l'agriculture sans l'appui de ses deux associés? Vainement elle dirait au peuple : *achetez mes récoltes ;* celui-ci resterait impassible, si l'industrie et le commerce ne lui disaient à leur tour : *prenez, et payez.* Dans un État manufacturier, pour un bras qui ouvre le sein de la terre, il en est dix qui façonnent les produits qu'elle procure. L'agriculture produit, l'industrie met en valeur, et le commerce consomme.

L'erreur est un effet, elle a donc une cause. Celle qui a tout fait accorder à l'agriculture depuis 1816, provient de ce qu'on a mal interprété l'adage si connu que l'agriculture est la source de toute richesse ; c'est pour l'avoir mal compris qu'on lui a tant sacrifié. Être la source des richesses ce n'est pas être la richesse elle-même, car que serait le producteur du chanvre, par exemple, s'il n'y avait personne dans le pays pour le façonner? Il serait ce que fut l'agriculteur en France jusqu'à Louis XI, ce qu'il est chez les peuplades qui bordent le nord de l'Afrique, ce qu'il est en Pologne, ce qu'il est enfin dans tous les États de l'Amérique ; il échangerait à l'Étranger ses produits bruts contre des objets manufacturés.

Dans un pays purement agricole, favoriser l'importation des laines, ce serait folie ; dans un pays manufacturier c'est une nécessité, lorsque cependant on y met des bornes. L'agriculture qui croit perdre à cet arrangement se trompe. Une moins value dans les laines ne peut que contribuer à la prospérité des fabriques, celles-ci réagissent avantageusement sur l'agriculture, et le propriétaire de troupeaux compense, par une plus grande quantité de laine et de têtes de bétail vendues, les quelques centimes de moins qu'il retire de sa tonte.

Certainement, ce que je viens d'exposer sera loin d'être approuvé de tous les propriétaires, surtout de ceux qui, bornés par la quantité de terrain qu'ils possèdent, sont arrivés au maximum des têtes de bétail qu'ils peuvent élever. Cette classe ne pourra que perdre, parce qu'elle n'aura aucun moyen d'accroissement, ni de compensation. Mais tous les autres propriétaires y gagneront, mais ceux qui n'auront point de troupeaux en élèveront; il y aura donc, en somme, accroissement dans la récolte, richesse pour l'État, et le but sera atteint; celui de fournir à bas prix à nos fabriques, pour leur ouvrir de nouveaux marchés à l'Étranger.

Tout en reconnaissant la nécessité de ramener nos laines au prix où se trouvent les qualités équivalentes sur les marchés étrangers, je suis loin d'approuver la mesure qui tendrait à admettre en franchise les laines étrangères. Mon opinion, à cet égard, est basée sur ce que l'abondance des terres à paturage, dans certaines contrées, leur qualité, le prix des baux, la quotité de l'impôt foncier, des soins particuliers qu'exigent certains troupeaux, selon leur espèce et la localité, étant autant de circonstances qui influent sur le prix des laines étrangères, il me paraît juste d'en tenir compte à nos éleveurs de bétail.

En conséquence, et attendu qu'il est démontré que les laines communes et ordinaires sont principalement celles qui nous manquent, je me hasarde à proposer l'établissement des droits suivans :

Sur les laines dont la valeur lavée à chaud est

Par kilogramme.	Par 100 kilog.	
De moins de 3 francs	en suint... 3 fr lavées.... 6 »	environ 2 p^r^ %.
De 3 à 7 francs.....	en suint.. 15 » lavées.... 20 »	environ 3 »
Au-dessus de 7 francs	en suint.. 30 » lavées.... 40 »	environ 5 »

Ce droit serait perçu sans remboursement sur les fabrications.

On ne manquera pas de faire valoir contre ma proposition, que son adoption éloignerait de nos marchés les laines de Naples, de Saxe, d'Angleterre et de quelques autres pays, qualités que la fabrication de certains tissus réclame. Je réponds que le droit proposé n'est pas assez élevé pour les repousser, et qu'il laisse à nos troupeaux une protection suffisante.

J'arrive à la question des houilles et des fers : elle est d'une haute importance, et la persévérance avec laquelle les partis opposés attaquent ou défendent le système des douanes qui régit ces deux produits, démontre suffisamment combien il importe de vider promptement la question. Je n'ai point à reproduire tout ce qu'on a dit ou écrit relativement à ces deux produits de nos mines. Mon affaire n'est point d'analyser ce que les autres ont dit ; car je ne dirais rien de nouveau. Mon but est d'ajouter une opinion de plus à tout ce qui a été dit à ce sujet, d'être moi, et rien que moi-même, de parler selon ma conviction, sans examiner si je me rapproche ou si je m'éloigne de ce que tant d'intérêts attaquent ou défendent.

Or, dans ma conviction, j'émets le vœu de voir réduire les droits sur la fonte et sur le fer. Je partage, à cet égard, l'opinion de Bordeaux qui est celle publiée dans un grand nombre d'écrits; je la partage, non que je croie que cette concession faite aux fers étrangers accroîtra sensiblement l'exportation de nos vins, mais avec l'idée qu'une réduction de droits progressive est possible et nécessaire.

Quant à la houille, je pense qu'un abaissement de droit sur celle d'Angleterre ne peut amener une économie que pour celles de nos fabriques qui sont placées sur le littoral de l'océan, et encore n'est-il pas démontré à mes yeux que les établissemens qui emploient ce combustible adoptent la houille anglaise, dont la qualité jusqu'à présent leur paraît inconnue. La modicité du prix des houilles me paraît dépendre bien plus de la célérité et de l'économie dans les transports que des droits de douane. C'est donc dans la création des canaux et des chemins de fer que doit se trouver la solution du grand problème concernant le bas prix de la houille. Toute discussion placée hors de ce terrain ne sera jamais résolue d'une manière qui satisfasse à la fois le producteur et le consommateur.

Parmi les articles fabriqués se rencontrent plus particulièrement ceux taxés à la valeur. J'ai déjà fait remarquer (page 109) que le tarif de 1816 a maintenu pour ces articles les bases adoptées dans celui de 1791, et qu'il y a erreur de principes à ne taxer qu'à 10, 12 et 15 p^r^ °/~o~ les objets fabriqués, tandis que les matières brutes sont imposées dans une proportion bien plus élevée.

Voici un aperçu des différens droits *ad valorem* qui se perçoivent dans les ports de la Grande-Bretagne. Je pense que cet aperçu, dans lequel je n'ai compris que les articles taxés à 20 p^r^ °/₀ et au-dessus, et qui ne les comprend pas tous, éclairera l'opinion publique bien mieux que n'auraient pu le faire mes réflexions. Ceux qui connaissent peu le tarif d'Angleterre auront une idée de ce qu'il est, et ceux qui connaissent le nôtre resteront convaincus qu'il appartient moins à l'Angleterre qu'à toute autre puissance de se récrier contre notre système de douanes.

Aperçu des marchandises qui, dans la Grande-Bretagne, sont imposées à 20 p^r^ °/₀ et au-dessus de leur valeur (59).

Droit de 20 p^r^ °/₀.

Certains ouvrages en fer; objets vernissés; bijoux montés; matelas; nattes, autres que des possessions anglaises; minéraux non-spécialement tarifés; instrumens de musique; parfumerie omise; ouvrages en étain omis; bois de Ste-Marie; cristal brut; concombres et citrons conservés dans le sel et l'eau; les extraits ou préparations non-dénommés; certaines plumes; racines de fleurs; fossiles sans autre dénomination; cadres pour tableaux; groisil et certains ouvrages en verre; raisins; cordes de harpes ou de guitares en argent; certaines peaux et fourrures entières ou coupées non-préparées;

(59) Extrait du tarif anglais pour 1833 - 34, intitulé : *Ellis's British tariff.*

**

agates ou cornalines montées; cendres autres que pour le savon; paniers; certains chapelets; boîtes de toutes sortes; boutons; cables, selon leur destination; cannes et bâtons montés, peints ou autrement ornés; craie non-manufacturée, dans certains cas; cordages autres que pour grément; certains articles manufacturés, en coton, achevés ou non; acier autre que des possessions anglaises; pierres à dénommer; jouets d'enfant; articles manufacturés en laine; articles manufacturés non-prohibés et non-taxés nominativement, etc., etc.

Droit de 25 p^r %.

Certains articles en lin, ou de lin mêlé avec du coton ou de la laine; cendres de bronze; extraits d'opium, de poivre de Guinée et de vitriol; fleurs artificielles autres que de soie; bouteilles de verre; horloges; divers tissus de soie; fil à dénommer; montres en or, argent ou de tout autre métal; fil d'argent et fil en métal doré, etc.

Droit de 30 p^r %.

Certains cristaux ouvrés; broderies et ouvrages à l'aiguille; gazes de fil; ouvrages en cheveux, poil de chèvre ou de toute autre matière et articles de cette sorte, entièrement ou en partie achevés; peaux tannées, corroyées ou autrement préparées, entières ou en morceaux; lacets en fil; voiles de lin; mercure préparé; pinceaux; certaines plumes; pommade; semences non-tarifées spécialement; chapelets n'ayant pas une tarification spéciale; certains ouvrages en cuivre; brocards d'or ou d'argent; voitures de toute sorte; porcelaine peinte, dorée ou ornée; divers tissus de soie; ouvrages de spa; télescopes; pipes à fumer; tabletterie sans autre dénomination; vernis à dénommer; cire à cacheter, etc., etc.

Droit de 40 p^r °/₀.

Articles manufacturés de lin, ou de lin mêlé de coton ou de laines, en tout ou en partie achevés, non-tarifés nominativement; crayons; craie préparée ou autrement manufacturée, n'ayant pas de taxe spéciale.

Droit de 50 p^r °/₀.

Extrait de cassia; huiles omises; futailles vides; navires étrangers et ceux pour la démolition; pierres à filtrer; tuiles.

Droit de 60 p^r °/₀.

Pâte d'amande.

Droit de 66 1/2 p^r °/₀.

Pierres d'ardoise, sans autre dénomination.

Droit de 75 p^r °/₀.

Extraits ou préparations de graine de paradis, de coculus indicus, de cardamome, de graine de Guinée, de noix vomique; oranges et citrons; articles manufacturés en peaux ou fourrures.

En combinant ce qu'ont d'élevé les droits ci-dessus et ceux imposés au poids, avec la supériorité que les fabriques d'Angleterre ont acquise sur celles des autres puissances, il est facile de reconnaître qu'il n'est guère possible à ces dernières d'importer leurs produits dans la Grande-Bretagne, puisqu'elles y rencontrent des droits prohibitifs.

Ce n'est pas tout, il convient encore de remarquer qu'en Angleterre toute réduction de droits, pour cause d'avarie, est refusée aux marchandises imposées à la valeur, aux cacao, café, tabac, thé, poivre, vin, etc.

Voilà comment est conçu le tarif d'une nation qui cherche à appuyer partout ses relations commerciales sur des traités avantageux; qui sourit à l'idée de voir établir chez les autres des ports francs, mais qui n'en crée point chez elle; qui profite des fautes commises chez ceux de ses voisins qui ont l'imprudence d'imposer fortement les matières premières; d'une nation qui cherche toujours à faire pencher en sa faveur la balance commerciale (60); d'une nation, enfin, dont l'influence politique, reposant sur une base artificielle, paraît un phénomène, et dont la force, comme celle du Samson de l'Écriture, ne tient qu'à un cheveu, à l'existence de sa marine.

(60) Dans la séance de la Chambre des Communes, du 25 juillet 1834, M. Baring a présenté deux pétitions relatives aux différens qui s'étaient élevés, quelque tems auparavant, entre les pêcheurs français et anglais, dans les parages situés entre Jersey et la côte de France. Ce Député, fortifié de l'opinion du docteur Lusinghton, a prétendu que « d'après le principe général du « droit des gens, une nation ne peut interdire la pêche aux au- « tres qu'à une lieue maritime à partir de ses côtes. » Si tel est le droit des gens, sur quel droit l'Angleterre s'est-elle appuyée, en 1763, pour nous interdire la pêche dans un rayon de 3, de 15 et même de 30 lieues des possessions d'Amérique que nous lui cédions? Sur quel droit s'est-elle appuyée lorsqu'elle a renouvelé ces prohibitions dans l'article 13 du traité de Paris, du 30 mai 1814? L'honorable Député, en appuyant les deux pétitions, avait sans doute perdu de vue les deux traités. — *Voyez* les journaux de l'époque.

Chez nous, nous n'avons été hardis qu'à l'égard des instrumens de science et des pompes à vapeur, que nous avons imposés à 30 p^{r} $^{o}/_{o}$ de leur valeur. Hormis ces deux articles, le droit le plus élevé ne dépasse point 15 p^{r} $^{o}/_{o}$, et cette base me paraît avoir besoin d'être retouchée.

Plusieurs articles pourraient être imposés à la valeur. Les instrumens de musique sont tous imposés à la pièce, et si l'on en excepte les pianos, dont la tarification me paraît pouvoir être maintenue, tous les autres droits, à mon avis, ont besoin d'être augmentés considérablement. Je cite plus particulièrement cette classe d'objets parce que nous fabriquons bien dans ce genre, et qu'elle est d'ailleurs un objet de luxe et de fantaisie. Dans notre tarif actuel, il est tel droit qui n'équivaut pas au 1/4 p^{r} $^{o}/_{o}$ de la valeur de l'instrument importé, et rarement dépasse-t-il le vingtième de la même valeur. La plupart des instrumens en cuivre, dont la main-d'œuvre décuple toujours au moins la valeur de la matière première, n'acquittent que 3 fr. pièce ; beaucoup de ces instrumens roulent sur des prix qui varient entre 25 et 500 fr., et l'ophicléide, instrument d'une valeur d'environ 120 fr. n'est point tarifé nominativement. Je pense qu'on pourrait imposer les instrumens de musique à 50 p^{r} $^{o}/_{o}$ de leur valeur, avec fixation d'un minimum de droit pour chaque espèce d'instrument. Ainsi les violons, par exemple, devraient acquitter la moitié de leur valeur sans qu'ils pussent payer moins de 10 fr. pièce, moitié du prix réputé d'un violon de basse qualité.

S'il est présumable que quelques instrumens d'un petit volume échaperont à la perception, il convient de reconnaître aussi que ceux qui ne se trouvent point placés dans cette hypothèse acquitteront les droits fixés.

On a reproché à la restauration d'avoir nui au développement de notre industrie, par les droits dont elle a frappé l'importation des matières premières. On aurait pu ajouter qu'elle a trop favorisé l'exportation des mêmes matières et des machines et métiers. Nos dernières ordonnances prouvent qu'on est loin d'avoir abondonné tout-à-fait ce principe, puisqu'on y remarque une augmentation de droits sur le groisil, et une réduction à la sortie sur la même matière, sur le sable à verrier et sur les chardons cardières.

Gêner l'importation d'une matière première, en même-tems qu'on en facilite l'exportation, c'est tomber, il me semble, dans une double anomalie, dont le moindre des effets est de hausser le prix de cette matière. J'ignore sur quels motifs on a pu procéder ainsi, à l'égard du groisil, mais je ne crois point la mesure bonne, quand l'expérience démontre que des puissances étrangères viennent acheter chez nous leur terre à faïence et leur sable à verrerie.

Quant à la réduction du droit de sortie des chardons cardières, elle est à mes yeux tout aussi inopportune. Sans doute, cette réduction a été accordée aux réclamations de l'agriculteur qui aura fait valoir la nécessité d'abaisser le droit de 15 francs qui gênait l'exportation de ce dypsacée. Favoriser l'agriculture et étendre chez l'étranger le débouché de ses récoltes sont de fort bonnes maximes à suivre, mais qu'il n'est pas toujours prudent d'appliquer sans ménagement Dès que l'agriculteur s'applique à fournir l'étranger des produits qui peuvent porter atteinte à nos industries, il devient nécessaire d'enrayer ses exportations; on le détourne insensiblement de la voie qu'il suivait pour le jeter dans une route plus utile à son pays; enfin, puisqu'il faut le dire, on l'oblige à donner une autre direction à la culture de ses terres, en gênant ses exportations.

Un droit de sortie de 3 francs sur les chardons cardières n'influe nullement sur l'exportation de cet article infiniment léger, que le midi de la France cultive en grand, et que l'étranger tire exclusivement et forcément de chez nous. Favoriser l'exportation de cet article, indispensable au peignage d'un grand nombre de tissus, et qu'on ne peut se procurer que chez nous, me paraît être une grande imprudence, si ce n'est pas une faute. Ce n'est point lorsque les pays qui nous avoisinent font tous leurs efforts pour rivaliser avec nous, et même pour nous surpasser, qu'il convient de leur livrer au plus bas prix possible les articles nécessaires aux progrès de leurs fabriques. N'est-ce pas assez de l'énorme faute commise d'avoir favorisé, jusqu'à ce moment, l'exportation de nos meilleures machines, sans chercher à la compléter par d'autres fautes? J'émets le vœu que le droit de sortie des chardons cardières soit reporté au moins au taux de 15 à 20 francs, en attendant que l'Étranger se soit mis en position de cultiver ce végétal. Quand il en sera venu là, nous verrons ce que nous aurons à faire; mais en attendant sachons profiter des avantages que nous tenons de notre sol et de notre position.

Ce que je viens de dire au sujet des chardons s'applique *à fortiori* aux machines et mécaniques. Il y aurait peut-être moins d'inconvéniens pour nos industriels d'en prohiber la sortie que de la permettre en franchise à laquelle équivaut le droit de sortie actuel. Entre prohiber et laisser sortir en franchise, il est un point intermédiaire auquel on peut s'arrêter.

Les Anglais, peut-être plus sages que nous sur ce point, défendent la sortie de tout ce qui peut contribuer au développement de l'industrie à l'étranger, mais notamment de tout ce qui sert à manufacturer la laine, le coton, le lin et la soie, ou les objets dans lesquels ils entrent. Ainsi se trouvent prohibés à la sortie d'Angleterre les machines, engins, outils, presses, papiers, ustensiles ou instrumens, et même jusqu'aux modèles ou plans de ces objets, ou de quelqu'une de leurs parties, soit que ces objets servent à fabriquer, soit qu'ils servent à perfectionner la fabrication. La nomenclature de tous les articles que comprend la prohibition de sortie est très-étendue (61).

Qu'on ne s'imagine point qu'il en soit de cette prohibition comme de plusieurs autres que la corruption ou la négligence peuvent éluder. Les métiers, par leur volume, se prêtent peu à la fraude, et d'ailleurs, un service intelligent et actif est toujours là, en Angleterre, pour faire exécuter la loi. Écoutons ce qui a été dit, pendant l'enquête commerciale, au sujet de la sévérité

(61) Voyez *Ellis's British tariff*, édition 1833 - 34, pag. 201 et 202.

avec laquelle la Grande-Bretagne surveille l'exportation de ses machines. « Cette exportation, dit un délégué (62), « est telle, qu'un négociant de Turcoing ayant acheté, « il y a deux ans, un assortiment de métiers pour filer « la laine grasse, a fait des efforts inutiles pour le faire « venir; les fraudeurs n'ont trouvé aucun moyen de « réussir; il a fallu y renoncer..... L'année dernière, « les habitans de Birmingham se sont cotisés pour faire « une somme de 25,000 francs, afin d'exercer une sur- « veillance sur les douaniers. Ils avaient leurs agens « payés, leur douane particulière. Si quelques machines « destinées à l'exportation échappaient à l'œil du doua- « nier officiel, le douanier du commerce allait vîte pré- « venir et faire opérer la saisie. De cette manière, pres- « que aucune machine ne sort d'Angleterre. »

Depuis cette déclaration, il a été annoncé (63) qu'on avait saisi à Londres vingt caisses de machines pour la fabrication de la dentelle, destinées à être exportées en France, évaluées à 5,000 liv. st. (125,000 fr.)

Que dirait Jacquard, qui, dans l'intérêt de son pays, refusa, avec autant de dignité que de désintéressement, les offres brillantes que lui fit l'Étranger, s'il voyait persévérer dans le plan adopté de livrer aux industriels étrangers les machines créées par son génie? Quelle fatalité s'est donc attachée au nom de cet homme modeste? Pendant sa vie, il est humilié et persécuté par

(62) Interrogatoire de M. Mimerel, filateur et fabricant de coton, délégué des Chambres de commerce de Lille, Roubaix et Turcoing. *Voyez* le Moniteur du 8 novembre 1834.

(63) Journal du commerce du 6 novembre 1834.

ses concitoyens, qui repoussent et qui brisent les métiers qu'il a perfectionnés, tandis que l'Angleterre, meilleure appréciatrice de leur utilité, les recherche avec empressement et les multiplie chez elle. Dans sa vieillesse et après sa mort, on ne tient presque aucun compte de ses découvertes, et l'on persévère dans la funeste route adoptée, de favoriser l'exportation de toutes les machines qui peuvent accroître et perfectionner l'industrie étrangère. En vérité, lorsque je réfléchis sur les inconséquences du système adopté depuis la restauration, je me demande si l'ombre de Vergennes, semblable au génie du mal, assiste et préside à nos conseils. Tout étonné de me trouver en opposition avec tant de gens éclairés, je doute si j'ai tort ou raison; je reviens sur mes idées, et je ne peux m'empêcher de m'écrier, comme Galilée: *e pur si muove.*

J'évalue que nous pouvons encore profiter, pendant environ un demi-siècle, de notre supériorité dans les arts libéraux et les sciences, sur les nations du midi de l'Europe. Profitons donc de notre supériorité, en attendant qu'on nous la ravisse.

Le goût du dessin, sans lequel on ne peut ni peindre, ni graver, ni sculpter; celui des mathématiques, des voyages, des découvertes, n'est pas encore répandu chez elles. Elles manquent de mécaniciens, de graveurs, de teinturiers, et d'une infinité d'autres métiers indispensables aux fabriques. La chimie et la géologie sont arriérées chez elles pour long-tems. Tandis que l'Italien et l'Espagnol, en foulant l'argile, la terre et le sable, n'aperçoivent pas autre chose, dans ces matières qu'ils méprisent, le géologue, en France, y découvre la terre à faïence, le quarts, le kaolin, le fer chromaté, etc., etc., et sait les utiliser. Tandis que ces peuples ne connaissent point les couches de notre globe au-delà de la profondeur des puits ordinaires qu'ils creusent, le géologue, chez nous, se crée un instrument à l'aide duquel il lit dans les profondeurs de la terre, comme Herschell s'en créa un pour lire dans l'immensité de l'espace. La sonde à la main, le géologue forre et découvre des richesses enfouies, comme l'astronome découvrait de nouveaux astres. Voilà quelques-unes des causes de notre supériorité sur les nations méridionales ; elles résultent de l'impulsion donnée aux sciences chez nous, et nous devons en rendre tributaires les Étrangers, parce que l'ignorance doit un tribut au savoir.

Permettre la sortie d'un cylindre gravé pour l'impression des tissus, dont la confection a laissé en France au forgeron et au graveur un bénéfice, c'est bien. Mais le soumettre à un droit de sortie, par la raison qu'il doit imprimer à l'Étranger pour plus de 100,000 fr. de tissus, ce serait mieux. Ouvrons les yeux enfin, et reconnaissons qu'il est contraire à notre intérêt de livrer nos meilleures machines aux pays qui récoltent à la fois le lin, le chanvre, la laine, le coton et la soie ; de les livrer à l'Italie qui, placée aux portes de la Grèce, du Levant et de la Mer-Noire, va, par notre incurie, renouveler l'histoire de Cadmus, en faisant sortir de son sein des hommes tout prêts à combattre. C'est nous qui semons dans ce pays les dents du dragon.

Après m'être expliqué aussi clairement au sujet des

métiers et des machines, je regarde comme surabondant d'exposer que si je n'adopte point l'idée de les prohiber, du moins je partage très-fort celle d'en restreindre la sortie par des droits sagement établis.

La prohibition des armes à la sortie n'est point non plus une chose qui flatte mes idées. Bonne en tems de guerre, elle me paraît inopportune actuellement, et la cause qui maintient leur prohibition me paraît tout aussi paradoxale que celle qui favorise l'exportation des machines.

Par la prohibition des armes et des projectiles, on arrête l'élan dont auraient besoin nos mines, nos forges et nos fabriques d'armes. N'est-ce pas assez que le haut prix de nos fontes et de nos fers en restreigne considérablement le débouché, sans y joindre encore une prohibition (64)? Laissons sortir ces produits fabriqués, leur écoulement excite à fabriquer et à ouvrir de nouvelles mines.

J'ai annoncé (page 98) que j'aurais à parler des productions de l'Inde. N'ayant à ne les considérer que sous le rapport de la surtaxe qui peut leur être appliquée, ce que je dois en dire va se confondre ici, et par conséquent, il ne sera pas nécessaire d'en faire l'objet d'un paragraphe particulier.

Notre marine a besoin d'une protection spéciale ; de nombreuses réclamations se sont élevées souvent à ce

(64) Les derniers navires construits à Marseille, pour les gouvernemens d'Égypte et de Tunis, ont fait venir leur artillerie, leurs projectiles et leur lest d'Angleterre, avec une réduction de prix, assure-t-on, de plus de moitié.

sujet, et, depuis 1793, le gouvernement n'a pu la protéger qu'à l'aide des surtaxes établies principalement par la loi du 28 avril 1816. C'est un grand pas de fait; il nous ouvre la route que nous devons suivre : essayons de la parcourir.

Un des grands élémens de prospérité pour le commerce, c'est d'aller chercher les productions aux lieux mêmes de premier chargement. Les relations directes avec les peuples producteurs procurent de l'économie; elles façonnent ces peuples au goût de nos productions; elles nous mettent à même d'étudier leurs besoins; elles facilitent des établissemens chez eux qui augmentent nos débouchés, et qui finissent à la longue par enlever au commerce étranger une partie de son frêt et de ses bénéfices. Un tarif qui atteindrait ce but serait un travail précieux. Le nôtre renferme de bons élémens de succès; il suffirait de le perfectionner en le faisant sortir de la voie rétrécie qu'il a suivie jusqu'à ce jour, pour le faire entrer dans une route plus large, plus en harmonie avec la protection que nous devons à notre marine. Il faut que ce tarif, liant essentiellement la marchandise au navire, remplisse le double but de protéger et le commerce et la navigation. Or ce moyen je ne l'entrevois que dans le mode d'appliquer la surtaxe.

Dans l'état actuel des choses, tous les produits, considérés uniquement sous le rapport de la surtaxe, peuvent être divisés en trois classes. L'une comprend les objets soumis à des droits variables à-la-fois selon le lieu de chargement et le mode de transport; l'autre, et c'est la plus nombreuse, si elle n'est la plus importante, ne renferme que les articles imposés selon le mode de transport; et la troisième, enfin, comprend les marchandises qui n'étant pas imposées au poids sont assujetties à un droit qui ne varie point, quel que soit le pavillon importateur.

La première classe comprend beaucoup de produits originaires des deux Indes et de contrées plus rapprochées, mais elle ne les comprend pas tous. Beaucoup d'autres marchandises exotiques ou d'origine européenne n'arrivent dans nos ports qu'en sortant d'une seconde main. Il est donc utile de faire cesser ce commerce de ricochet, en assurant à ceux de nos armateurs qui expédient leurs navires vers les marchés producteurs une protection que le tarif actuel ne leur assure point sur toutes les marchandises. Le plus sûr moyen d'atteindre ce résultat consiste à moins imposer les articles chargés aux lieux de production, et cette mesure doit être adoptée avec fort peu de restrictions. Elle doit être une des conditions essentielles de notre tarif, elle doit en former la base fondamentale et avoir la même force et la même durée qu'un acte de navigation.

Quelle nation pourrait se récrier contre un pareil système? La Suisse, enclavée dans le sein des terres, ainsi que plusieurs États d'Allemagne, est sans marine. La Russie, les villes anséatiques, la Prusse, l'Autriche et les États d'Italie, n'ont point de colonies. La Suède et le Danemarck n'en ont que d'insuffisantes. L'Espagne et le Portugal n'en ont conservé quelques-unes qu'en les ouvrant forcément au commerce étranger. L'Angleterre, plus tranchante que nous, a visé droit au but, et l'a atteint. Elle a prohibé chez elle l'importation, par navires étrangers, de tous les produits d'Asie, d'Afrique et d'Amérique, et elle a pris cette détermination vigoureuse à une époque où elle n'avait presque point de colonies. Pourrait-t-elle se plaindre de ce que nous sommes moins rigoureux qu'elle? La Hollande n'aurait aucun motif pour se plaindre. Après ces puissances, il n'en existe qu'une seule qui ait une marine, elle est dans le Nouveau-Monde, elle s'est liée avec nous par un traité de commerce qui n'accorde une modération de droits qu'aux produits de son sol. On reconnaît aisément que je désigne ici les États-Unis d'Amérique.

Toutes les marchandises chargées par nos navires aux lieux de production, ou aux lieux ordinaires de premier embarquement, je le répète, doivent jouir d'une modération de droits, sans distinction d'origine lointaine ou rapprochée; et la différence des droits, quel que soit les lieux de chargement, doit être calculée de manière à assurer la préférence du frêt à nos navires.

J'estime que la marchandise, chargée dans les Indes, doit payer environ 20 fr. de moins par 100 kilogrammes, que si elle était embarquée dans un port d'entrepôt, d'après les motifs que j'ai exposés (page 107);

Que celle chargée ailleurs, hors d'Europe, doit payer environ 10 fr. de moins par 100 kilogrammes, que si elle était chargée dans les entrepôts;

Enfin, que la marchandise européenne, chargée au pays de production, doit acquitter environ 5 fr. de moins par 100 kilogrammes que si elle était chargée partout ailleurs.

La différence dont le droit par pavillon étranger doit excéder le droit le plus élevé imposé au pavillon français peut ne point dépasser 5 fr. par 100 kilog.

Ce mode de surtaxe, au surplus, ne serait point appliqué d'une manière générale et absolue; il resterait nécessairement des marchandises qui réclameraient un régime spécial, tels que les céréales, les poissons de pêche étrangère, etc.; le gouvernement appliquerait à ces marchandises le droit que nécessiterait leur nature ou les circonstances.

Au moyen de cette nouvelle combinaison, la manne, le suc de réglisse, l'opium, la scammonée, toutes les substances végéto-médicinales, et bien d'autres articles, seront nécessairement achetés de première main, parce que la différence des droits sera assez élevée pour présenter un stimulant à nos armateurs. L'Étranger, loin de s'éloigner de nos entrepôts, s'en rapprochera au contraire, parce qu'il s'y approvisionnera à meilleur marché; nous cesserons d'être tributaires des nombreux produits que nous tirons directement ou indirectement de Hollande, d'Angleterre et de quelques ports d'entrepôt, et la France, qui doit toujours tendre, comme puissance maritime, à protéger sa navigation, atteindra en partie ce but.

Une autre amélioration que réclame notre tarif, c'est de soumettre à une surtaxe les marchandises qui ne sont point tarifées au poids. Le projet de loi des douanes, qu'on va bientôt discuter, fait une concession aux nombreuses réclamations adressées au sujet des laines ; il va les soumettre à une surtaxe de 2 p^r^ °/₀, dont la perception me paraît à-peu-près illusoire, parce qu'il est toujours facile de se soustraire à une surtaxe imposée sur la valeur. En effet, l'importateur qui voudra s'en affranchir déclarera à 91 fr. la laine qui en vaut 100, et il n'acquittera que 20 fr. 02 c. au lieu de 22 fr. Le trésor aura seulement gagné, par la nouvelle loi, d'obtenir 20 p^r^ °/₀ sur la laine, tandis qu'elle n'en avait acquitté jusqu'à présent que 18, décime non-compris. L'établissement d'une surtaxe ne peut être efficace qu'autant qu'elle s'applique à une marchandise dont on peut facilement déterminer le montant du droit principal.

L'adoption du vœu que j'émets de protéger plus efficacement l'importation de tous les produits chargés par nos navires sur les lieux de production, présentera l'avantage de compenser, en grande partie, par un accroissement de perception, le déficit qu'occasionera la réduction de droits qu'on sollicite sur les matières premières. Un examen attentif du tableau que je place ci-après peut faire comprendre tout le parti qu'on peut tirer en faveur de l'impôt de l'introduction du système que je propose. L'impôt sera d'autant plus léger qu'il n'atteindra que des marchandises qui, quoique n'étant pas de première nécessité, sont cependant un objet plus ou moins important de commerce, et qui assurent, par leur multiplicité, une perception importante.

Je joins ici un tableau destiné à expliquer comment je conçois que pourraient être tarifés les articles soumis à la nouvelle surtaxe. J'en ai pris quelques-uns au hasard et leur ai conservé le droit le moins élevé du tarif actuel. Je ne présente point les droits que je leur ai appliqué, comme étant ceux qu'il convient d'établir, mais seulement comme devant développer mes idées, relativement à la différence qui doit exister dans la tarification, selon les points de départ.

J'en ai dit assez sur notre tarif pour démontrer qu'il a besoin d'être revu quant aux droits et quant aux principes, et je n'ai pas tout dit. La proposition que je fais de changer notre surtaxe sur les marchandises qui ne sont imposées que selon le mode de transport, mérite de fixer l'attention; car le tarif actuel a pris pour maximum de cette surtaxe, à l'égard des marchandises originaires des deux Indes, la somme de 17 fr. 50 c. qui, d'après ce que j'ai démontré (page 107), est au contraire au-dessous du minimum de la surtaxe qu'il convient d'établir sur les mêmes marchandises.

Je sais qu'il reste, en matière de tarif, beaucoup de choses à traiter; que les prohibitions locales, les avaries, les primes, etc., méritent aussi de fixer l'attention; mais ayant donné à certaines questions plus de développement que je n'aurais dû le faire, je suis obligé de m'arrêter.

				IMPORTATIONS PAR NAVIRES									
				français venant								étrangers & par terre.	
				des possessions françaises.		des Indes.		d'ailleurs hors d'Europe.		des entrepôts.			
Farineux alimentaires.	sagou	100 kil.	N.	41	»	41	»	50	»	60	»	65	»
	salep	id.	N.	80	»	80	»	90	»	100	»	115	»
	fécules … d'arrow-root	id.	N.	41	»	41	»	50	»	60	»	65	»
	fécules … de dictame	id.	N.	41	»	41	»	41	»	50	»	55	»
	fécules … de manioc	id.	B.	7	»	7	»	15	»	25	»	30	»
	fécules … autres	id.	B.	7	»	7	»	7	»	15	»	20	»
Denrées coloniales.	sorbet	id.	N.	74	»	74	»	90	»	100	»	110	»
	gingembre	id.	B.	20	»	20	»	30	»	40	»	45	»
	vanille (1)	1 kil.	N.	5	»	5	»	5	20	5	40	5	50
	graine d'amome	100 kil.	N.	123	»	123	»	140	»	150	»	160	»
Racines médicinales.	ipécacuanha	id.	N.	500	»	500	»	520	»	540	»	550	»
	rhubarbe & méchoacan (2)	id.	N.	75	»	75	»	150	»	180	»	200	»
	salsepareille (3)	id.	N.	40	»	100	»	120	»	130	»	140	»
	ginseng	id.	N.	184	»	184	»	200	»	210	»	220	»
	jalap	id.	N.	100	»	100	»	110	»	120	»	130	»
	iris de Florence importée.. des pays producteurs (4)	id.	N.	0	»	0	»	0	»	60	»	75	»
	iris de Florence importée.. d'ailleurs	id.	N.	70	»	70	»	70	»	70	»	75	»
	réglisse importée… des pays producteurs (5)	id.	B.	0	»	0	»	0	»	15	»	25	»
	réglisse importée… d'ailleurs	id.	B.	20	»	20	»	20	»	20	»	25	»
	à dénommer originaires des Indes (6)	id.	B.	20	»	20	»	30	»	40	»	45	»
	à dénommer originaires d'ailleurs hors d'Europe (7)	id.	B.	20	»	20	»	20	»	30	»	35	»
	à dénommer originaires d'Europe (8)	id.	B.	20	»	20	»	20	»	20	»	25	»
Feuilles médicinales.	d'oranger & de lierre (tiges & branches comprises)	id.	B.	1	»	1	»	10	»	20	»	25	»
	de bétel & de girofle	id.	N.	41	»	41	»	50	»	60	»	65	»
	de séné (9)	id.	N.	20	»	100	»	115	»	130	»	135	»
	à dénommer originaires des Indes (10)	id.	B.	30	»	30	»	40	»	50	»	55	»
	à dénommer originaires d'ailleurs hors d'Europe (11)	id.	B.	30	»	30	»	30	»	40	»	45	»
	à dénommer originaires d'Europe (12)	id.	B.	30	»	30	»	30	»	30	»	35	»

(1) Consulter le tarif particulier des marchandises importées des pays situés à l'ouest du cap Horn, page ....

(2) Aucune de nos possessions ne produit ces articles. Quant à la rhubarbe importée des pays situés à l'ouest du cap Horn, *voyez* le tarif particulier des marchandises importées des pays situés à l'ouest de ce cap, page .....

(3) Le droit de 40 francs n'est applicable qu'à la salsepareille importée du Sénégal français, sous les conditions déterminées par les règlemens.

(4) Est réputé pays producteur, la Toscane seulement.

(5) Sont réputés pays producteurs, les royaumes des Deux-Siciles & d'Espagne.

(6) Sont réputées originaires des Indes........

(7) Doivent être considérées comme originaires *d'ailleurs hors d'Europe*..........

(8) On ne traitera comme originaires d'Europe que.........

(9) Le droit de 20 francs n'est applicable qu'au séné importé du Sénégal français, sous les conditions déterminées par les règlemens.

(10) Seront réputées originaires des Indes.........

(11) Seront considérées originaires *d'ailleurs hors d'Europe*........

(12) On réputera d'origine européenne..........

RÉSUMÉ ET CONCLUSIONS.

C'est à une série d'événemens malheureux qu'on doit attribuer les causes qui ont si long-tems retardé les progrès de la France, en tous genres. Les guerres qu'eut à soutenir Louis XIV ; le caractère inflexible de son ministre Louvois, qui ajouta à l'irritation que l'orgueilleux monarque excitait en Europe ; la révocation de l'édit de Nantes, vautour politique qui dévora long-tems notre population industrielle ; la minorité de Louis XV, pendant laquelle apparut le système de Law, météore brillant dans son principe, mais qui, terrible à son explosion, engloutit les fortunes les mieux assises ; le ministère inerte du cardinal Fleury, qui laissa décliner notre marine ; le règne des favorites, qui influa sur la nomination des ministres, des généraux et des gouverneurs. Pendant ces deux règnes, la mise à ferme des revenus de l'État, la dilapidation des financiers, les prodigalités de la cour ; des dissensions religieuses, des armemens maritimes très-coûteux auxquels nous devons de brillans faits d'armes, mais dont les succès, balancés par des revers sur le continent, amenèrent la cession de nos principales conquêtes d'outre-mer ; une noblesse indolente et orgueilleuse qui eût cru déroger en liant sa fortune à des établissemens utiles, ou en confiant ses capitaux au commerce ; un clergé riche, influant, intolérant, et gorgé de priviléges ; l'impôt inégalement réparti ; des péages, des droits exhorbitans, dans certaines provinces ; des lois qui les rendaient étrangères les unes aux autres ; des routes mal entretenues ; telles sont les principales causes qui ont retardé notre essor. C'est, comme on le voit, un enchaînement d'événemens malheureux liés à des causes permanentes.

Sous Louis XVI, des armemens formidables étonnent les mers des Indes, mais nos vctoires, mêlées de revers, restent sans résultat, et le traité de 1786 vient porter un coup funeste à notre industrie. La révolution, semblable au nuage qui, poussé par l'aquilon, porte dans ses flancs la foudre et la tempête, vient éclater sur notre patrie ; elle ébranle jusque dans leurs fondemens les principes monarchiques, nos institutions de plusieurs siècles, et notre système gouvernemental ; elle les renverse. La noblesse est proscrite, et disparaît ; le pouvoir du clergé est abattu ; le génie et la fortune sont persécutés. Les impôts supprimés sont remplacés par l'émission d'un papier monnaie ; la presse a-t-elle cessé de gémir et d'enfanter des millions, une seconde émission succède à la première, une troisième à la seconde, et la France s'appauvrit à mesure que le signe représentatif de toute chose se multiplie chez elle. Les marchandises et les denrées se resserrent ; la famine, suivie de son hideux cortége, de la faim, de la misère et du désespoir, promène son squelette dans la France entière. Alors des proconsuls avides et sanguinaires défendent les accaparemens sous peine de mort, et veulent ramener l'abondance à l'aide d'une loi de maximum : inutile ressource ! La crainte et la cupidité, plus actives qu'eux, ont vidé à l'avance les magasins. Un pouvoir dictatorial s'établit chez nous ; la terreur et la mort frappent indistinctement nobles, prêtres, accapareurs, factieux et savans. Tout tremble : nos armées même, que couronnèrent dans le principe de brillant succès, démoralisées par quelques revers, sont refoulées sur notre sol.

Le commerce pouvait-il prospérer sous un pareil état de choses ? L'industrie pouvait-elle exister sous un régime qui couvrait de deuil et de misère notre patrie ? Est-ce pendant l'orage que le moissonneur récolte ?

La France, heureusement, vit bientôt le pouvoir passer en des mains plus habiles. Un guerrier, un héros, qu'affligeaient ses malheurs, vole des bords du Nil au rives de la Seine. A son aspect, la tempête politique s'apaise, et sa voix, semblable à celle du Neptune de Virgile, ramène le calme et l'espoir. Les factions se taisent, les délateurs cachent leur front ignoble, les prisons se vident, la hache révolutionnaire s'émousse et le crêpe funèbre qui couvrait la France est déchiré ; la législation, les finances, l'armée, les beaux-arts, le commerce, tout reprend une nouvelle vie. C'était le soleil du printems qui remontait sur l'horizon. Le St-Bernard est franchi, Mélas battu, l'Italie pacifiée et de beaux jours succèdent à un long orage.

Le héros qui conduisait nos armées, législateur et guerrier, s'occupait tout-à-la-fois du conservatoire des arts et métiers, de la publication de nos codes et de ses plans de campagne. L'impulsion qu'il donna à tous les établissemens utiles, mais surtout à nos manufactures, fut telle, que la restauration en fut étonnée elle-même.

Qu'eût-il fallu pour maintenir l'état de paix plusieurs fois conquise? Faire à l'Angleterre les concessions qu'elle n'a cessé de nous demander, admettre ses produits manufacturés, lui laisser envahir nos marchés, fermer ou réduire nos établissemens industriels. Le pouvait-on? Le devait-on?

Cette résistance de notre part embrasa l'Europe, et nous conduisit au système du blocus continental, dont j'ai exposé la naissance, les progrès et la chute.

Ce que l'empire refusa, on le demande aujourd'hui. On sollicite l'abaissement des droits et la levée des prohibitions, dans le but d'ouvrir nos marchés aux manufactures étrangères. Les conséquences que pourraient entraîner de telles demandes sont d'une trop haute importance pour qu'on ne les ait pas examinées. Elles amènent les réflexions suivantes:

On demande l'abaissement des tarifs chez nous, nation essentiellement manufacturière, qui avons engagé des capitaux énormes dans tous les genres d'industrie; qui avons créé des écoles nombreuses, pour développer tous nos moyens industriels, et qui avons formé un grand nombre d'ouvriers, en leur donnant une éducation et en leur faisant prendre des habitudes telles, qu'ils ne peuvent plus exister que par les arts industriels.

On demande l'abaissement de nos tarifs à une époque où toutes les nations cherchent à s'isoler, en s'appropriant les découvertes qui peuvent augmenter leurs jouissances et leur indépendance commerciale. Car, remarquons qu'il en est des nations comme des individus; il leur faut une passion dominante qui absorbe toutes les autres. Chaque siècle est caractérisé par des faits qui lui sont propres. A la fureur des croisades, a succédé celle des combats sur le continent; puis sont venues les disputes scholastiques et religieuses, qu'anima l'abus du pouvoir de la cour de Rome; puis le goût des découvertes et des conquêtes d'outre-mer; la fondation de colonies et d'établissemens lointains; puis une fièvre politique qui a porté les individus à discuter les droits des peuples et des rois; puis une crise révolutionnaire qui a ébranlé tous les trônes de l'Europe; enfin, aujourd'hui, des vues plus rationnelles tendent à placer le bonheur des peuples dans la culture des beaux-arts, des sciences et de l'industrie.

On demande l'abaissement de nos tarifs devant des peuples sobres, sans luxe, placés sous un beau ciel, dont plusieurs d'entre eux récoltent les matières premières, et qui, à l'aide des machines perfectionnées que nous leur livrons, sont prêts à nous surpasser dans plusieurs genres d'industrie.

On demande l'abaissement de nos tarifs en présence d'une nation, caractérisée par un siècle et demi de succès en tous genres, qui n'est séparée du continent que par un canal; d'une nation qui, par sa position insulaire, semble défier l'Europe contre toute agression; d'une nation qui la première de toutes, en Europe, sut proclamer son émancipation religieuse; d'une nation qui a devancé et surpassé toutes les autres dans la carrière industrielle; qui réunit tous les élémens propres à étendre chez elle les arts manufacturiers, par les colonies nombreuses et puissantes qu'elle possède, par une marine florissante, par des mines de houille et de fer inépuisables, par des canaux nombreux, par des chemins de fer, par une population active et intelligente, par une noblesse que la multiplicité des emplois dans les possessions lointaines, sur les escadres et dans le pays, rend éclairée, puissante et utile à l'État, aussi dirige-t-elle l'esprit national vers des établissemens profitables à l'intérêt général du pays, en s'associant elle-même à toutes les entreprises utiles, etc., etc.

C'est dans une telle occurrence, et en présence de tels faits, qu'on sollicite l'admission des produits manufacturés étrangers. N'est-ce point demander l'anéantissement de notre agriculture, de nos fabriques et de notre navigation? N'est-ce point chercher à tarir à-la-fois toutes les sources de la vraie richesse, pour ouvrir celles des émeutes, des révoltes et des révolutions? N'est-ce point préférer l'industrie étrangère à la nôtre? N'est-ce pas une question de bonheur et de vitalité, pour la France, qu'on soulève?

Espérer, en abaissant les droits sur les produits manufacturés, qu'il y aura compensation établie par des traités de commerce, c'est compter sur une éventualité. Ces traités ne peuvent qu'être illusoires pour nous, car ils lieraient les gouvernemens étrangers sans lier les peuples; en effet, jamais un traité ne contraindra le consommateur à se procurer à un prix élevé ce qu'il peut acheter sans lui à meilleur marché. Je pense que dans la position actuelle de la France, on doit :

1° Réduire les droits seulement sur les matières premières destinées à l'industrie.

2° Protéger l'importation des machines et métiers de toute espèce.

3° Traiter le coton filé comme matière ouvrée, et non comme matière première.

4° Ne lever les prohibitions et ne réduire les droits, sur les objets manufacturés, que dans le seul but d'enlever un aliment à la fraude, en la forçant à réduire la prime d'assurance.

5° Gêner la sortie des machines et métiers, des chardons cardières, et de tout ce qui peut contribuer au développement de l'industrie à l'Étranger.

6° Protéger notre marine marchande d'une manière efficace, et l'on peut atteindre en partie ce résultat en favorisant plus particulièrement l'importation des marchandises chargées par nos navires dans les ports de premier embarquement.

7° Admettre comme principe que dans les traités de commerce à dresser avec l'Angleterre, la plupart des conditions qu'elle propose sont celles que nous devons éviter.

FIN.

TABLE.

ERRATUM.

Page 63, *note* 24. Les bases admises pour réduire en litres le galon anglais étant erronées, on a primitivement obtenu 200 francs 96 centimes pour le droit dû en Angleterre à l'importation d'un hectolitre de vin. Des bases plus exactes donnant un chiffre de 179 francs 39 centimes, la note 24 doit être rectifiée dans ce sens.

Se trouve:

A PARIS, chez Renard, libraire, rue Ste-Anne, n° 71.

A MARSEILLE, chez Camoin, libraire, place Royale, n° 3.

www.ingramcontent.com/pod-product-compliance
Ingram Content Group UK Ltd.
Pitfield, Milton Keynes, MK11 3LW, UK
UKHW021135260726
13994UKWH00001B/142